Escogidos

MICHELLE McCLAIN-WALTERS

CASA
CREACIÓN

La mayoría de los productos de Casa Creación están disponibles a un precio con descuento en cantidades de mayoreo para promociones de ventas, ofertas especiales, levantar fondos y atender necesidades educativas. Para más información, escriba a Casa Creación, 600 Rinehart Road, Lake Mary, Florida, 32746; o llame al teléfono (407) 333-7117 en Estados Unidos.

Escogidos por Michelle McClain-Walters
Publicado por Casa Creación
Una compañía de Charisma Media
600 Rinehart Road
Lake Mary, Florida 32746
www.casacreacion.com

Traducido por: Ana Leticia Santos de Alvarado
Diseño de portada por: Justin Evans
Director de Diseño: Justin Evans

Originally published in the U.S.A. under the title: *Chosen*
Published by Charisma House, a Charisma Media Company,
Lake Mary, FL 32746 USA

Visite las páginas web de la autora: www.michellemcclainwalters.com, michellemcclainbooks.com

Library of Congress Control Number: 2019946476
ISBN: 978-1-62999-289-1
E-book: 978-1-62999-290-7

Nota de la editorial: Aunque la autora hizo todo lo posible por proveer teléfonos y páginas de internet correctas al momento de la publicación de este libro, ni la editorial ni la autora se responsabilizan por errores o cambios que puedan surgir luego de haberse publicado. Además, la editorial no tiene control ni asume responsabilidad alguna por páginas web y su contenido de ya sea el autor o terceros.

Impreso en los Estados Unidos de América
19 20 21 22 23 * 5 4 3 2 1

ÍNDICE

PRÓLOGO

Dios siempre ha escogido a hombres y a mujeres para hacer grandes obras que lleven al cumplimiento de los planes y propósitos de Dios. El llamado y la responsabilidad de ser un escogido siempre han sido emocionante y desafiante. Junto con los mandatos, comisiones y tareas extraordinarias, Dios da los talentos, capacidades, dones y unción necesarios para cumplir con estos planes y propósitos extraordinarios.

En este libro, Michell McClain-Walters explica las dinámicas de ser un escogido. Su perspectiva nace de la experiencia personal y la palabra de Dios. Ello permite que albergue un fuerte deseo de ver que los creyentes caminan en esos llamados extraordinarios. Michelle es una ministra profética y por naturaleza los profetas se ocupan de los planes y los propósitos de Dios, así como del lugar que ocupa cada persona en esos planes.

Usted ha sido escogido de Dios por gracia. No podemos alardear o enorgullecernos de ser escogidos. Ser escogido lo conduce a humillarse, y ello lo conduce a tomar el desafío. Los escogidos, por lo general llegan a ser escogidos en el "horno de aflicción" (Is. 48:10). Los escogidos viven y caminan por la gracia y el poder de Dios. El enemigo odia a los escogidos porque ellos llevan bendiciones enormes al pueblo. Dios usa a sus escogidos para traer milagros, salvación, sanidad, liberación, restauración, innovación, cambio y actualización.

Este libro lo impulsará en su llamado y en su misión. Cada uno de los creyentes llega a ser escogido para lograr un objetivo. Usted es responsable por sus dones y su llamado; no puede descuidarlos. Debe aprovechar sus dones y moverse en fe. Su obediencia es necesaria para ver la gloria de Dios manifestarse a su favor. Cuando usted llega a ser la vasija que Dios escogió que fuera, logra ver multitud de milagros a través de usted. La vida de alguien depende de su obediencia.

Los escogidos poseen una enorme responsabilidad, porque a quien se haya dado mucho, mucho se le demandará (Lucas 12:48). Existen muchas verdades por aprender de las vidas de aquellos que fueron escogidos antes que nosotros. En este libro, Michelle examina la vida de los escogidos. Sus vidas nos impulsan a alcanzar a nuestra generación e impactar a las generaciones futuras.

Mi oración es que reciba la valentía, la osadía, la inspiración y la revelación necesarias para cumplir con el llamado que ha recibido. Este libro lo motivará a obedecer a Dios y a hacer lo que Él lo ha llamado a hacer. Usted no está solo. Dios está de su lado. Todo aquello que necesita para cumplir con su misión, Él se lo ha entregado. Que las verdades que se compartan en este libro lo muevan a hacer obras maravillosas y hazañas asombrosas.

—John Eckhardt
Apóstol y supervisor de Crusaders Ministries

Introducción:

EL ESTILO DE VIDA DE LOS LLAMADOS Y EL DE LOS ESCOGIDOS

"Porque muchos son los llamados, pero pocos los escogidos".
—Mateo 22:14

Se ha hablado de esta profecía por siglos; sin embargo, es hasta ahora que recién llega el tiempo en que se levanta una generación justa. Hoy es el día en el que Dios levanta a un pueblo justo que siente el peso eterno de la gloria sobre su espíritu, el pueblo que provocará una avalancha de la gloria y el poder de Dios en la tierra que se manifieste como una explosión que sacudirá cada tribu, pueblo, lengua y nación.

Estas personas son los escogidos y así es como viven. Sus vidas se impulsan como un misil, usando la fuerza espiritual que desciende directamente del trono de Dios. Por el hecho de poseer una condición como pueblo escogido, Dios establece las coordenadas para sus vidas y los lanza para que avancen, de modo que nada pueda detenerlos. No voltean su mirada ni a la derecha ni a la izquierda. Los escogidos son quienes han respondido al llamado de Dios como representantes de su reino en la tierra. No es que Dios favorezca a unas personas más que a otras: Él favorece su fe. Los escogidos son aquellas personas con determinación de buscar el reino de Dios y su justicia. Han tomado la decisión de representar a Jesucristo en la tierra.

El estilo de vida de un escogido es un nivel totalmente diferente al de una persona regular; tiene activado el poder celestial de forma plena en la dimensión terrenal y esto es posible únicamente para aquellos que mantienen el estándar de justicia que Dios requiere. Este es el peso de la gloria eterno y contundente que Dios posa sobre los hombros del selecto grupo que llevará su fruto. Dios nos lo dice en Juan 15:16 (LBLA):

> "Vosotros no me escogisteis a mí, sino que yo os escogí a vosotros, y os designé para que vayáis y deis fruto, y que vuestro fruto permanezca; para que todo lo que pidáis al Padre en mi nombre [como mi representante] os lo conceda".

Escogidos Elegidos. Designados. Los escogidos son plantados con un propósito, como los representantes de Dios, para llevar fruto y mantener un fruto que permanezca. Y *entonces*, todo lo que pidan en su nombre les será concedido. Algunas personas tratan de saltarse a la última parte. Sin embargo, para tener todo lo que pedimos, primero debemos ser escogidos. Dios tiene un estándar y requerimientos establecidos para aquellos que se atreven a moverse de esta dimensión a la dimensión de los escogidos. La dimensión en la que habita, ¿es la dimensión de los escogidos?

Si Él ha llamado a muchos, pero ha escogido a pocos, ¿cómo sabe si usted es llamado o escogido? ¿Qué tan diferente es el estilo de vida y la relación con Dios entre un escogido y un creyente promedio? ¿Son todos escogidos? Si no es así, entonces, ¿quiénes son los escogidos? ¿Quiénes son aquellos a quien Dios escoge? Veamos qué conlleva el estilo de vida y la identidad de un escogido y después decida, ¿es usted un escogido?

Los escogidos caminan en la excelencia del poder de Dios

> "Pero tenemos este tesoro en vasos de barro, para que la excelencia del poder sea de Dios, y no de nosotros".
>
> —2 Corintios 4:7

Vivir como un escogido no se trata de nosotros, sino se trata del poder de Dios. Si somos escogidos, su mano estará sobre nosotros y llevaremos *su* gloria hasta los confines de la tierra. Cuando nos relacionemos con personas quebrantadas, rechazadas, abandonadas e incluso con airadas, perversas y rebeldes, nos enfrentaremos a las fortalezas que trabajan en ellos y podremos hablarles la verdad en amor. Escucharán la verdad y serán libres.

Con tal de no llamar la atención y evitar ser llamados intolerantes, muchas personas prefieren arriesgarse y omitir la verdad. Sin embargo, los escogidos caminan en un nivel de gloria con unción que confronta la influencia de nuestra cultura, todo aquello que Dios llame abominación. Los escogidos no sienten temor de los hombres, ellos únicamente temen a Dios. Su preocupación principal solo es decir y hacer lo que Dios les dice que digan y hagan. El resultado de su obediencia liberará una gloria llamativa. Cuando capten esa atención, incluso ante cámaras, los escogidos dirán: "es obra de Dios, no mía. No lo digo yo, lo dice Dios".

Los escogidos son personas proféticas. Sin importar cuánta gente hoy tergiversa la verdad de la palabra de Dios, los escogidos sí predicarán y vivirán la verdad y nada más que la verdad. He aquí por qué ellos pueden reclamar la promesa de Dios que dice: "Y haré de ti una nación grande, y te bendeciré, y engrandeceré tu nombre, y serás bendición" (Vea Génesis 12:2). También entendemos por qué los escogidos pueden caminar sin arrepentimiento en favor de Dios. Han ganado la confianza de Dios en lo que es importante para Él, por lo que Dios libera poder y permite que haya un avance sobre sus vidas.

Cuando los escogidos profetizan y hablan a esta generación, no necesitan usar palabras rebuscadas o un lenguaje elocuente porque, nuevamente, es Dios, no son ellos. Los escogidos dicen lo que Dios dice y hacen lo que Dios les pide; no necesitan aditivos, ni colorantes, ni saborizantes. Este es el punto en el que Dios empieza a moverse. Es el momento en que Dios activa su poder. Es cuando Él empieza a transformar e influenciar lo que hay en el corazón de aquellos que Él nos asignó. El apóstol Pablo escribió cómo obraba desde este punto a través de su ministerio:

> "Pues no me envió Cristo a bautizar, sino a predicar el evangelio; no con sabiduría de palabras, para que no se haga vana la cruz de Cristo".
>
> —1 Corintios 1:17

> "Porque ellos dicen: Las cartas son severas y duras, pero la presencia física es poco impresionante, y la manera de hablar menospreciable".
>
> —2 Corintios 10:10, lbla

Algunas notas que se encuentran en comentarios bíblicos del versículo anterior dicen que:

> Entre los griegos, la presencia de un orador y su forma de hablar eran tan importantes como el mismo mensaje. Un ejemplo es el orador Demóstenes quién lo dejó claro cuando dijo que los tres elementos más importantes del discurso son: la forma de hablar, la forma de hablar y la forma de hablar. Sin embargo, Pablo no siguió estas reglas porque el mensaje de salvación no necesita presentarse con ostentación para llegar a los corazones de la audiencia.

Posteriormente, Pablo compartió una segunda epístola a los Corintios que comenta lo siguiente:

> "Pero, aunque yo sea torpe en el hablar, no lo soy en el conocimiento; de hecho, por todos los medios os lo hemos demostrado en todas las cosas".
>
> —2 Corintios 11:6, lbla

Dios está levantando una generación que no se adaptará al *statu quo* y que tampoco se ajustará a los sistemas que la humanidad establezca. Ellos tampoco tendrán nombres famosos, así como en el caso de Jesús:

> "Sino que se despojó [Jesús] a sí mismo, tomando forma de siervo, hecho semejante a los hombres; y estando en la condición de hombre, se humilló a sí mismo, haciéndose obediente hasta la muerte, y muerte de cruz. Por lo cual Dios también le exaltó hasta lo sumo, y le dio un nombre que es sobre todo nombre".
>
> —Filipenses 2:5–9

Los escogidos serán personas anónimas y desconocidas. No necesitamos tener un nombre. Venimos en nombre del Señor, en su gloria y potestad. Nos encontramos en un momento y en una época en la que todo lo que tenemos que hacer es cumplir con nuestro propósito y destino, con plena consciencia de que el privilegio de impactar es de Dios y no nuestro. Por medio de la humildad y la obediencia, seremos exaltados para que Dios reciba la gloria que solo Él merece.

LOS ESCOGIDOS POSEEN UN MANTO DE HUMILDAD

> "Estamos atribulados en todo, mas no angustiados".
>
> —2 CORINTIOS 4:8

Los escogidos sufren tribulación. Tienen vidas como cualquiera que ha atravesado una situación difícil. No lo saben todo ni se ven obligados a dar siempre una opinión. Son humildes y llenos de gracia porque reconocen dónde estarían si no fuera por Dios. No se precipitan a juzgar porque también han padecido opresión. Incluso cuando surja un tema conflictivo en las redes sociales, los escogidos no se apresurarán a hablar sin pensar. Ellos saben que, si Dios no habla, ellos tampoco. No tratan de ganar méritos con nadie. Su humildad, la cual adquirieron gracias a aquellas épocas difíciles en sus vidas, los mantiene con los pies sobre la tierra. No serán impulsados a decir algo que Dios no dijo o a hacer algo que Dios no les dio la gracia para hacer. Así es como se mantienen seguros y en paz, aunque los demás se esfuerzan por ganar etiquetas, títulos u opiniones públicas, tanto de la iglesia como del mundo. Saben lo que significa estar bajo la tribulación de Dios y el costo de ser escogidos.

Veo a los escogidos como una versión de David. David era un hombre conforme al corazón de Dios a pesar de haber estado bajo tribulación. No era un hombre perfecto. Cometió terribles errores y tomó malas decisiones, pero su corazón era perfecto, conforme al corazón de Dios. Era presto a ser humilde y pronto al arrepentimiento. En el presente Dios está levantando a verdaderos hombres y mujeres como David. Aquellos que son como David son temerarios, humildes, llenos de amor y gracia.

Los escogidos pueden estar atribulados en todo, mas no estarán angustiados. Si usted desea ser un escogido, tiene que saber que Dios trabajará en sus emociones y en su orgullo. Él se prepara para hacer cosas en su vida que podrían resultar difíciles y desagradables. Aunque sea difícil para su carne, será justo lo que necesita para convertirse en alguien que tenga un corazón conforme al de Dios. La Biblia dice que Dios corrige a aquellos que ama. Nos prepara para que llevemos el peso eterno de la gloria. Debemos poseer el manto de la humildad. En todo lo que haga, lo más importante es estar consciente de que la excelencia del poder en el que caminará como un escogido viene de Dios y no de usted. Usted es una vasija de barro que Él ha escogido para que lleve su gloria hasta los confines del mundo.

Los escogidos son el pueblo de la revelación

> "En apuros, mas no desesperados".
>
> —2 Corintios 4:8

La palabra *apuro* aquí se refiere a confusión. Este es un sentimiento que llega cuando no se sabe qué hacer. Los escogidos usan este apuro como combustible para seguir buscando el rostro de Dios, quien tiene todas las respuestas. Los escogidos entregan este sentimiento a Dios y confiesan: "Dios, no sé qué hacer". Esta es una porción de su humildad. No serán como los falsos, mentirosos, engañadores y maquinadores que creen que saben todo y están llenos de vanidad y orgullo. La verdad es que, en ocasiones no tenemos la respuesta. Sin embargo, la clave es conocer quien sí tiene todas las respuestas.

Los escogidos tendrán revelación. Es posible que no encuentren la respuesta en ellos mismos, pero el espíritu de revelación descansará sobre sus vidas porque están conectados a la fuente de poder. Si toma la decisión de vivir como un escogido, dejará de decir: "no sé qué está haciendo Dios", ni tampoco dirá: "no sé qué *estoy* haciendo". Como escogido, usted es parte de la generación que posee revelación. Los escogidos aman a Dios y son, quienes reciben la revelación de quién es Dios y cuáles son sus planes.

La gloria desciende poco a poco. Se revela y descubre a medida que aprendemos quién es Dios. Por ello, en ocasiones los escogidos pueden sentirse confundidos porque necesitan revelación y claridad, pero tampoco se desesperan porque saben cómo recibir lo que necesitan. Dios me ha enseñado que, en tiempos de confusión, necesito adorar. En la adoración desciende la presencia y la gloria de Dios. En su presencia, empezamos a conocerlo de forma íntima. Nuestra relación con Dios es más valiosa que toda la revelación en el mundo. La confusión no desespera a los escogidos porque ellos conocen a Dios.

Los escogidos son guerreros adoradores

Como lo acabo de mencionar, junto con la adoración desciende la presencia de Dios. Anhelo fervientemente la gloria y me emociona saber que Él está levantando una generación de personas que llevarán su presencia. La gloria de Dios viene con su presencia. Las dos son indivisibles. Cuando adoramos, somos parte de la presencia de Dios y entramos a un lugar donde su gloria puede manifestarse. A pesar de ello, no se trata de cualquier tipo de adoración. Dios busca derramar su gloria sobre quienes lo adoran en espíritu y en verdad (Juan 4:24). Busca a quienes tengan un corazón perfecto conforme al corazón de Él (2 Cr. 16:9). Su buena voluntad es darnos el reino (Lucas 12:32) que es donde habita su presencia; el problema es que muchos no la desean. En lugar de ello, quieren banalidades y objetos que llamen la atención. Quieren estar asociados a un club. Quieren tener conexiones con diferentes personas.

Sin embargo, lo que Dios quiere es gente que, en definitiva, quiera estar conectada a Él. Dios busca a quienes de verdad deseen entrar en su presencia. Él conoce la diferencia entre quienes solo sienten adoración por la *adoración* y aquellos cuyo único deseo es adorarlo puramente a *Él*. Dios busca a aquellos que no se dejan llevar sin sentido en una canción, sino a aquellos que adoran al punto de tocar el cielo. Son personas que se enfocan en Dios y no en el líder de alabanza.

Nuestro deseo debería ser volver a la adoración en pureza y en verdad. Ya no es tiempo de idolatrar aquello que llamamos adoración. No podemos acercarnos con corazones a la deriva y miradas evasivas. No podemos levantar nuestras manos mientras aún nos vence la lujuria y la perversión como si Dios no pudiera verlo, como si la condición de nuestro corazón no importara al estar en su presencia. ¿Por qué? Porque si realmente anhelamos lo que cantamos y si realmente deseamos que su gloria sea evidente en nuestras vidas, debemos acercarnos con corazones puros. El pecado impide que la gloria fluya en su vida. ¿Recuerda a los hijos de Elí, Ofni y Finees?

> "Pero Elí era muy viejo; y oía de todo lo que sus hijos hacían con todo Israel, y cómo dormían con las mujeres que velaban a la puerta del tabernáculo de reunión. Y les dijo: ¿Por qué hacéis cosas semejantes? Porque yo oigo de todo este pueblo vuestros malos procederes. No, hijos míos, porque no es buena fama la que yo oigo; pues hacéis pecar al pueblo de JEHOVÁ. Si pecare el hombre contra el hombre, los jueces le juzgarán; mas si alguno pecare contra JEHOVÁ, ¿quién rogará por él? Pero ellos no oyeron la voz de su padre, porque JEHOVÁ había resuelto hacerlos morir".
>
> —1 SAMUEL 2:22–25

¿Qué pasó con Nadab y Abiú, hijos de Aarón?

> "Nadab y Abiú, hijos de Aarón, tomaron sus respectivos incensarios, y después de poner fuego en ellos y echar incienso sobre él, ofrecieron delante del SEÑOR fuego extraño, que Él no les había ordenado. Y de la presencia del SEÑOR salió fuego que los consumió, y murieron delante del SEÑOR".
>
> —LEVÍTICO 10:1–2, LBLA

Y en el Nuevo Testamento encontramos el caso de Ananías y Safira:

> "Pero cierto hombre llamado Ananías, con Safira su mujer, vendió una propiedad, y se quedó con parte del precio, sabiéndolo también su mujer; y trayendo la otra parte, la puso a los pies de los apóstoles".
>
> —HECHOS 5:1–2, LBLA

Cuando Pedro confrontó a ambos por conspirar juntos y mentir acerca de la ganancia de la venta, cayeron muertos en el momento. El pasaje continúa diciendo: "Y vino un gran temor sobre toda la iglesia, y sobre todos los que supieron estas cosas" (Hechos 5:11, LBLA).

No estoy declarando muerte para nadie, pero a través de estos ejemplos, vemos con claridad que la lujuria, la desobediencia y la mentira no pueden convivir con la presencia de Dios.

Recuerdo una vez cuando estaba adorando con un gran grupo de creyentes. Todos tenían sus manos levantadas, pero en el Espíritu pude ver que las manos de algunos estaban cubiertas en una sustancia verde. No sabía lo que era y por eso le pregunté al Señor.

Me dijo: "esas no son manos limpias".

Estamos viviendo una época en la que debemos tener manos limpias y un corazón puro si queremos ser parte de los escogidos de Dios, aquellos que llevan su gloria. No tenemos tiempo para estar jugando con Dios ni con la gloria que Él busca derramar sobre quienes lo representarán bien. Si aún seguimos luchando contra los demonios generacionales, necesitamos acercarnos al altar y ponernos a cuentas ante Dios. Adorar, orar y liberar no son acciones que hacemos para vernos bien. Tenemos todas las oportunidades para ser escogidos de Dios, pero debemos ser santos y rectos. Debemos estar en una posición que lo adore en espíritu y en verdad. Amamos a Jesús y Él quiere darnos libertad. Por lo tanto, comprometámonos y declaremos que veremos la gracia y la gloria de Dios, que los yugos se destruirán y la unción se liberará para que podamos vivir como uno de sus escogidos.

Los escogidos sufren persecución

"Perseguidos, mas no desamparados".

—2 Corintios 4:8–9

Los escogidos sufren persecución. La gente habla de ellos y se preguntan: "¿Por qué van a esa conferencia? ¿Por qué se relacionan con esa persona? ¿Por qué no regresan a ese otro lugar?". Pero, aunque otros los persigan, Dios no los desampara. La gente habla, siempre va a hablar. Si usted es un escogido, usted es portador de un poder que no es suyo. Cuando ha estado en la presencia de Dios y complacerlo es su única motivación, la aprobación humana deja de tener poder sobre usted. El deseo de Dios es llenar la tierra de su gloria, entonces usted demuestra el poder de Dios en todo lo que hace. El deseo de Dios es que nadie perezca, por eso, usted echa fuera los demonios. El deseo de Dios es que las personas lleguen al entendimiento de su gran amor por ellos, por eso, usted predica, ora y profetiza. Usted empieza a caminar en prosperidad para que pueda reconstruir y restaurar los lugares que están quebrantados en la tierra.

Quienes no tienen la visión de Dios siempre van a querer perseguir a los escogidos de Dios diciendo cosas como: "¿Quién se cree para hacer eso?". "¿Cómo va a crecer su ministerio así?". Durante los últimos veinte años de mi vida he aprendido a decir: "Pueden hablar de mí cuanto quieran. Y voy a darles de qué hablar". ¿Le dijo Dios que fuera a las naciones? ¿Por qué coloca sus manos sobre ellos? ¿Era cierta esa profecía? ¡Al menos hablan acerca de las cosas de Dios!

Mientras esta gente habla, voy a París para sanar a los enfermos. Mientras ellos hablan, voy a Rusia para liberar a los oprimidos por el enemigo. Mientras ellos hablan, voy a Sudáfrica para activar a la nueva generación de apóstoles, profetas, evangelistas, maestros y pastores Déjelos que hablen. Déjelos que traten siquiera levantar una mano contra usted. A pesar de eso, los escogidos permanecen fieles y obedientes a Dios porque su mano está sobre ellos.

Si quiere ser uno de los escogidos de Dios, debe liberarse del espíritu que busca complacer al hombre. No puede ser escogido y permanecer oscilante entre el temor a los hombres y el temor de Dios. Debe escogerlo a Él siempre, incluso cuando enfrente persecución. Dios entrega a sus escogidos valentía y claridad para poder seguir adelante, a pesar de la fuerte oposición. Su gloria los recarga, desafía y transforma en fuerzas invencibles para su reino.

Dios defiende a sus escogidos

Los escogidos enfrentan persecución y Dios los sostiene con su mano derecha para hacerlos prosperar a pesar de todo, y además Dios es su defensor. Específicamente, la Biblia dice que el Dios de Jacob defiende a los escogidos (Sal. 20:1). Lo que me llama la atención es que el versículo no dice "El nombre del Dios de *Israel* te defienda". Sabemos que en el tiempo en el que se escribió este versículo, el autor ya sabía que el nombre de Jacob se había cambiado a Israel (Gn. 32:22–32). Pero el versículo dice: "El nombre *del Dios de Jacob* te defienda" (énfasis añadido). Este es un designio poderoso. Sabemos que Jacob había sido un desastre. Jacob había cometido errores. Jacob era un estafador. Jacob venía de una familia disfuncional. Y es con este Jacob, el imperfecto y desastroso, con quien muchos de nosotros nos identificamos, más que con el Israel transformado.

La vida de Jacob se parece a muchas de nuestras vidas. Casi ninguno de nosotros somos de la descendencia de alguna familia de gran renombre. Sabemos que, si no hubiéramos acudido al Dios de Jacob para cuidarnos y defendernos, no estaríamos donde estamos hoy. Los escogidos no son perfectos, pero tienen un corazón conforme a Dios. Los escogidos se aferran a Dios y no lo dejan ir hasta que Él los bendiga. Esta es la razón por la que el Dios de Jacob y no el de Israel es quien los defiende.

Dios defiende a los escogidos al darles sabiduría, tal como lo dice Eclesiastés 7:12, el dinero también es una defensa. Dios da a sus escogidos la sabiduría y el poder para obtener riqueza. Muchas veces como creyentes, tememos hablar de dinero. Sin embargo, la Biblia nos dice que el dinero sirve para todo (Ec. 10:19). Servimos a Dios, a quien también conocemos como Jehová Jireh, que significa Dios, nuestro proveedor. Servimos a Dios, quien es más que suficiente, al único que hace que la gracia abunde hacia nosotros para que tengamos "siempre en todas las cosas todo lo suficiente" y "abundancia para toda buena obra" (2 Co. 9:8). Sin embargo, este nivel de abundancia viene sobre quienes siguen los principios de Dios. Como veremos pronto, los escogidos diezman y dan ofrendas. Ayudan al pobre y muestran misericordia para quienes enfrentan necesidad. Por ello, el Señor protege y defiende sus finanzas (Vea Malaquías 3:11).

Isaías 59:17–18 dice:

> "Pues de justicia se vistió como de una coraza, con yelmo de salvación en su cabeza; tomó ropas de venganza por vestidura, y se cubrió de celo como de manto, como para vindicación, como para retribuir, con ira a sus enemigos, y dar el pago a sus adversarios…".

Permítame presentarle al Dios que recompensa. Esta es otra línea de defensa de Dios para sus escogidos. Él viene a destruir los enemigos de la descendencia de sus escogidos.

Dios no está comprometido solo con defender las vidas actuales de los escogidos; Él quiere verlos a ellos y a sus hogares, salvos, rescatados y libres de todo poder del enemigo.

El Salmo 18:9 dice que cuando Dios bajó del cielo en nombre de su pueblo, colocó tinieblas debajo de sus pies. Esto me dice que Dios se prepara para pelear en nombre de los escogidos. Desciende listo para vengarse del enemigo por todos los ataques que ha hecho pasar a los escogidos. Por cada acusación y persecución que han pasado, Dios prepara su venganza. Está desatando una nueva unción que destruirá totalmente la obra de las tinieblas. Este peso eterno de gloria que se está liberando destruirá los enemigos que se levanten en contra de los elegidos de Dios.

Los escogidos solo conocen a Jesucristo y su crucifixión

Los escogidos están determinados a ver el señorío que Jesús ejerce sobre la destrucción de la humanidad. Jesús dijo que el reino de Dios está entre nosotros (Lucas 17:21). El deseo de los escogidos es ver el reino invisible manifestados en la tierra. ¡Su deseo es que el nombre de Jesús sea conocido! Nuestra perspectiva viene de la salvación y solo es posible cuando el pensamiento central de los escogidos se fundamenta en: Jesucristo, el Redentor, que ha venido y por medio de su crucifixión nos ha rescatado a todos del enemigo. Por medio de Él nos hemos sentado en lugares celestiales. Por medio de Él vemos la gloria del Señor levantarse sobre nosotros. Y podemos ser escogidos porque su sangre nos permite cumplir los requisitos para tener una vida a ese estándar tan alto.

No escuchamos que se predique lo suficiente acerca de Jesús y su cruz de salvación. ¡El poder de redención prevalece en su sangre! Los escogidos se regocijan en la sangre de

Jesús. ¿Quién no ama una palabra profética de bien? Pero si no lo hubieran herido en la cruz, usted no hubiera podido profetizar o recibido los beneficios del don de la profecía. Si no lo hubieran herido en la cruz, usted no habría sido sanado.

Dios está levantando una generación que se gloría en todo el evangelio de Jesucristo y que se ha propuesto no saber de nada que no fuera Jesucristo, y su crucifixión (1 Co. 2:2).

¿Es usted ¿un escogido?

Esta es la época en la que Dios está descargando su mano derecha sobre un selecto número de personas, y es en su mano en donde encontramos poder. En su mano derecha hay gloria. En su mano derecha hay autoridad. En este momento Dios pone su mano derecha de gloria y autoridad sobre las vidas de sus escogidos y está sacudiendo todo lo que pueda ser movido para traer un nuevo manto de dominio y autoridad. La autoridad no es autoridad sino hasta que se usa y los escogidos de Dios requerirán de todo un nuevo nivel de autoridad para caminar en el verdadero dominio que Él ha destinado para ellos.

Entonces, ¿qué le parece todo esto? ¿Podría vivir la vida a este nivel tan exigente, que agrade a Dios y que requiere que cargue su cruz? Este es el nivel en donde las personas caminan entre milagros y tienen autoridad sobre la riqueza y la prosperidad a niveles tales que pueden restaurar economías y reconstruir naciones. Este es el nivel donde el mismísimo aliento de Dios está en cada decisión; el nivel en que la sabiduría y la humildad los coloca en un lugar de victoria. Este es el nivel donde las personas andan sobre un camino firme de justicia, paz y gozo.

¿Desea ser catapultado a nuevos niveles en su vida financiera y espiritual, así como en sus relaciones? ¿Desea estar posicionado para tener victoria tras victoria? ¿Desea ver un nivel constante de avance y mejora? ¿Desea caminar en un nuevo nivel de generosidad y eficacia en su esfera de vida? Si es así, ¿está listo para aprender lo que se necesita?

El reino de los escogidos es posible, pero depende de usted responder al llamado para llegar más alto en Dios. Como lo dije anteriormente, muchos son los llamados, pero pocos los escogidos. Su respuesta hacia Dios es la que determina su capacidad para habitar en este reino y apropiarse de esta identidad. La vida de los escogidos es santa, justa y apartada.

Nos han llamado e invitado a gozar de las promesas de Dios. Todos tenemos un llamado específico y un destino en Dios. Sin embargo, trasladarse de ser llamado a ser escogido nos obliga a estar listos a comprometernos en los prerrequisitos del Espíritu. Si deseamos ser uno de los pocos escogidos, es imposible pensar que podemos acercarnos a Dios de cualquier forma. Debemos darle lo que Él desea. Él desea gloria. Él desea santidad. Él desea justicia. Él desea pureza, amor y adoración.

Elija usted mismos a quién va a servir. Los escogidos son aquellos que han tomado la firme decisión de seguir a Dios y de vivir en el reino celestial. Si está listo para dar a Dios lo que Él desea, profundice en la vida de sus escogidos y vea cómo podría llegar a ser parte de este grupo selecto.

Capítulo 1

EL REINO DE LOS ESCOGIDOS

"...de reunir todas las cosas en Cristo, en la dispensación del cumplimiento de los tiempos, así las que están en los cielos, como las que están en la tierra".

—Efesios 1:10

"...y juntamente con él nos resucitó, y asimismo nos hizo sentar en los lugares celestiales con Cristo Jesús...".

—Efesios 2:6

Estoy convencida de que estamos viviendo un tiempo en el que Dios está restaurando una conexión divina entre el cielo y la tierra. Está levantando una generación con ojos celestiales, a quienes les enseñará cómo moverse dentro y fuera de las dimensiones de su Espíritu.

Al estar encerrados en nuestras rutinas diarias de vida podríamos olvidar que somos seres espirituales que experimentan una vivencia natural. Dios creó nuestros cuerpos para albergar a nuestros espíritus, los cuales toman vida gracias a su aliento de vida. Génesis 2:7 dice: "Entonces Jehová Dios formó al hombre del polvo de la tierra, y sopló en su nariz *aliento* de vida, y fue el hombre un ser viviente" (rv1960, énfasis añadido).

La palabra *aliento* en este versículo se traduce como "espíritu".[1] Dios sopló su Espíritu en nosotros. La palabra también puede significar "aliento esencial, inspiración divina, intelecto", o "el Espíritu de Dios impartiendo vida y sabiduría en el alma y cuerpo del hombre".[2] En otras palabras, en la creación, Dios impartió la esencia de su ser en nosotros, su inspiración, intelecto, vida y sabiduría. Todo lo que Él es ha sido puesto en nosotros, y por ello, hay cosas en el Espíritu que Él desea manifestar sobre la tierra a través de nosotros, sus amados hijos e hijas, los herederos de la salvación.

Como creyentes, mantenemos un nivel de comprensión de que somos creados a la imagen de Dios (Gn. 1:26–28), pero no llegamos a comprender el poder que nos da esta realidad para tener una vida sobrenatural, victoriosa, próspera, llena de milagros, donde se hacen realidad los sueños, donde se busca un propósito. Dado que somos seres espirituales y naturales, existimos en lo que denomino una dimensión espiritual coexistente, donde lo espiritual (lo que no puede verse, tocarse, que es celestial, angelical y misterioso) choca contra lo natural (lo que se ve, es tangible, comprobable, científico y aquello que puede detectar y conocer con sus cinco sentidos). La dimensión coexistente es el lugar donde Dios reúne en una sola todas las cosas en Cristo, cosas que están en el cielo y en la tierra (Ef. 1:10). Los escogidos viven en esta dimensión. Permítame aclararlo.

En Génesis 2:7 aprendemos que "Jehová Dios formó al hombre del polvo de la tierra, y sopló en su nariz aliento de vida, y fue el hombre un ser viviente". Cuando Dios sopló su aliento de vida en Adán, impartió en él y en sus generaciones infinitas, la posibilidad de operar en la dimensión espiritual. El aliento de vida se refiere a la vida en las dimensiones física y espiritual. Fuimos creados para funcionar en dos mundos: la dimensión natural conectada con la tierra y la dimensión espiritual, conectada con Dios. Somos seres trinos; representamos a las tres personas de la divinidad de Dios:

1. Somos espíritu.
2. Tenemos alma (mente, voluntad y emociones).
3. Vivimos en un cuerpo.

1 Tesalonicenses 5:23 dice: "Y el mismo Dios de paz os santifique por completo; y todo vuestro ser, *espíritu, alma y cuerpo*, sea guardado irreprensible para la venida de nuestro Señor Jesucristo" (énfasis añadido).

La caída de Adán y Eva, cuando desobedecieron a Dios, no solo fue una caída en el pecado o un error. También fue una muerte espiritual. Jesús fue el segundo Adán enviado a restaurarnos todo de nuevo. Por lo tanto, la experiencia de un nuevo nacimiento nos restaura la vida espiritual que nos otorga la capacidad de operar en la dimensión natural, física, así como en la dimensión espiritual. Al momento de la restauración, somos bebés espirituales que deben aprender cómo ejercitar y desarrollar los sentidos espirituales.

Aliarse con alguien que ha comprobado ser un profeta que enseña, capacita y activa los dones en usted es una forma excelente de ejercitar y desarrollar los sentidos espirituales. Jesús ascendió a lo alto y dio dones a los hombres. Él nos dejó profetas para el perfeccionamiento de los santos. Una de las funciones principales de los profetas es capacitar y perfeccionar a los creyentes para actuar en profecía.

> "Y él mismo constituyó a unos, apóstoles; a otros, profetas; a otros, evangelistas; a otros, pastores y maestros, a fin de perfeccionar a los santos para la obra del ministerio, para la edificación del cuerpo de Cristo".
>
> —Efesios 4:11–12

Samuel, quien fue establecido como profeta del Señor y tenía una buena reputación en todo Israel (1 S. 3:19–20), abrió escuelas para los profetas, las cuales educaban en temas relacionados con la responsabilidad, integridad y precisión bíblica. A los estudiantes se les llamaba regularmente "hijos de los profetas" (1 Reyes 20:35; 2 Reyes 2:3, 5, 7; 4:1, 38; 9:1). Unirse a una iglesia que fomente el desarrollo y la expresión profética es una forma de descubrir la dimensión espiritual coexistente y aprender a navegar en ella.

Para muchos de nosotros se vuelve difícil tener una vida constante en esta dimensión natural al darnos cuenta de que lo que existe en la dimensión espiritual es más real que lo que existe en el la dimensión natural. No obstante, para los escogidos es fundamental que la revelación de la esencia espiritual de la fe produzca frutos reales con peso sustancial y material (Vea Hebreos 11:1). No podemos vivir en donde Dios trata de levantarnos sin estar sujetos firmemente en esta verdad. Debemos creer sin duda alguna que lo que sucede en la dimensión natural es temporal y que solo lo que existe en la dimensión espiritual es eterno, que hay cosas que existen en la dimensión espiritual antes de que se manifiesten en la tierra. Por ejemplo, existen bendiciones eternas: el amor de Dios nunca falla y su misericordia permanece para siempre. Si la Biblia declara que usted es sano por las heridas que lastimaron la espalda de Jesús, entonces usted es sano.

Diré esto nuevamente: somos seres espirituales con experiencias naturales. Dios quiere liberar el plan celestial en la tierra, pero no tendremos acceso a ese plan si no podemos empezar a vivir realmente en la dimensión de los escogidos.

El lugar donde el cielo invade la tierra

Dios tiene un plan y lo revela y delega a sus escogidos a medida que vayan ascendiendo en el monte del Señor. Siempre que usted lea en la Biblia que Dios llama a su pueblo a un monte o una colina, sabrá que el plan celestial está a punto de invadir la tierra. Conforme una persona avanza sobre un monte o colina, está subiendo a lugares más altos. Suben a un lugar que es más alto del punto plano en el que normalmente habitan. Por ello, subir un monte de Dios representa un cambio en la perspectiva o punto de vista. Representa un cambio de paradigma o un despertar. Es una invitación a un punto más alto o a un nivel de pensamiento más alto. Es una invitación a profundizar en los misterios de Dios. Es el lugar donde Dios comparte sus secretos con sus escogidos (Amós 3:7). Estar en estos lugares altos con Dios lo coloca en un punto donde puede ver las cosas de manera diferente, es decir, las ve desde la perspectiva y ojos de Dios. En este lugar, se revela el sueño de Dios para la tierra. Los escogidos colocan sus corazones de forma que puedan recibir la invitación para cambiar su perspectiva.

Muchos de nosotros caminamos por vista y no por fe. Caminamos por lo que vemos de forma natural y por ello no nos inclinamos realmente a ver lo que Dios nos señala en el espíritu. No respondemos a su llamado de subir a los lugares más altos y llegar hasta su santo monte. Pero si vamos a decidir vivir como un escogido, necesitamos permitirle que cambie nuestra perspectiva.

Para vivir en una dimensión donde usted esté facultado

para traer lo que está en el cielo a la tierra, primero tiene que presentarse limpio de manos y puro de corazón. El Señor dice en Salmos 24:3–5:

> "¿Quién subirá al monte de Jehová? ¿Y quién estará en su lugar santo? El limpio de manos y puro de corazón; el que no ha elevado su alma a cosas vanas, ni jurado con engaño. Él recibirá bendición de Jehová, y justicia del Dios de salvación".

Los escogidos tienen manos limpias y corazones puros. Se visten de rectitud. Para habitar en la dimensión coexistente, debemos caminar en pureza. La dimensión de los escogidos es la dimensión espiritual coexistente. El monte del Señor es el punto de convergencia entre lo natural y lo sobrenatural, así como lo que se ve con lo que no se ve. Es el lugar sobre el cual establecemos lo que más nos importa. Es el lugar de las "cosas de arriba" y no de las "cosas de la tierra" (Col. 3:2).

Los escogidos tienen un enfoque bien definido de las cosas celestiales. A pesar de todo lo que sucede alrededor de ellos, su corazón está en otro lugar. Saben que no pueden permitirse dejar que las cosas de la tierra atraigan su atención o lo que les importa y desgaste su fortaleza y recursos. Su corazón está centrado en ver que las cosas celestiales se manifiesten en la tierra. Su enfoque es que el reino se extienda y la gloria de Dios tome las riendas de cada esfera de la sociedad. Su objetivo es darle fin al dolor, las carencias, el quebrantamiento y la pobreza. Esto puede suceder únicamente cuando suben al monte del Señor para recibir sus planes y estrategias.

Cuando ve que las cosas del Espíritu chocan contra las de la tierra para cambiarlo todo es entender cómo vivir plenamente en la dimensión coexistente. Sus oraciones son diferentes en la dimensión coexistente. De pronto, entiende por qué Jesús nos enseñó a orar: "Como en el cielo, así también en la tierra" (Mt. 6:10b). De pronto, lo que habla en fe hace que lo intangible se manifieste como lo tangible. De pronto, puede ver que hay más a favor suyo que los que están en su contra (2 R. 6:16), pues esta es la dimensión en donde los ángeles reciben la labor de venir en nuestra ayuda (Heb. 1:14). La dimensión coexistente es también donde podemos hablar de aquello que no se concebía como existente (Ro. 4:17).

Dado que los escogidos entienden cómo interactúan las dimensiones espiritual y natural, no temen la oposición del enemigo y desarrollan un espíritu de progreso inquebrantable que permite que el deseo del cielo descienda sobre la tierra. Cuando disponga vivir en la dimensión de los escogidos, hará todo lo posible por estar en la iglesia con tal de estar en oración. Caerá de rodillas porque sabrá que tenemos acceso a lo que es eterno a través de la oración.

Cuando lo más importante es el poder de Dios y no el nuestro

> "Pero tenemos este tesoro en vasos de barro, para que la excelencia del poder sea de Dios, y no de nosotros".
>
> —2 Corintios 4:7

Hablé de este versículo en la introducción. Ahora veámoslo en el contexto de lo que significa vivir en la dimensión de los escogidos. Los escogidos no se pueden dar la libertad de atribuirse el crédito por lo que Dios hace. Muchas personas lo hacen y se hacen llamar los llenos y ungidos del Espíritu. Esto es imposible.

Los escogidos saben que el poder que tenemos, un poder por sobre más excelente, es de Dios y no nuestro. Si entendemos el peso de esta escritura, nos moveríamos de milagro en milagro fácilmente. Porque no se trata *de* nosotros, tampoco de lo que está *en* nosotros. Todo es de Dios: el desempeño, los resultados, los logros o la manifestación. Vivir desde este lugar es vivir en una posición de humildad ante Dios. Su trabajo en nosotros solo se trata de Él y su poder, no del nuestro.

El Señor me ha mostrado que siempre que Él empieza a moverse en nuestro corazón y permite una muestra de su poder a través de nosotros, tendemos a sentirnos con orgullo. De alguna forma, creemos que hemos provocado estas manifestaciones en nuestra fuerza. Estos milagros, señales y maravillas se dejan ver gracias a que el Espíritu Santo y su poder habitan en nosotros, a medida que caminamos en el Espíritu.

Lo que estamos viendo en este momento en el cuerpo de Cristo es una demostración de orgullo en su máxima expresión. En el púlpito puede verse demasiada arrogancia, orgullo y carne. A pesar de ello, sigo creyendo que Dios levantará a una generación que dirá: "Se trata de Él y no de mí. El poder que ve no es mío, es de Dios".

Ahora entiendo por qué William Seymour, un hombre que fue gran instrumento en el movimiento de Dios y a quien se le atribuyó el Avivamiento de la Calle Azusa durante los primeros años del siglo XX, tenía tanta autoridad en el Espíritu. Se trataba de un hombre tan humilde y sometido a Dios que ni siquiera se atrevía a colocarse detrás de los dos enormes cajones de madera para zapatos que se usaban como púlpito.[3] Su deseo era que la gente supiera que el poder era de Dios y no de él. La humildad es el plomo en la balanza donde nos pesamos para vivir en la dimensión de los escogidos.

Como dice Santiago 4:6: "Dios resiste a los soberbios, y da gracia a los humildes". La gracia es el poder que Dios otorga para que en nuestra fe cristiana aumente y nosotros estemos bajo su resguardo y fortaleza.[4] La gracia es la "influencia santa" de Dios en nuestras vidas que nos permite crecer en conocimiento, devoción y en el ejercicio de las virtudes cristianas. La gracia es el poder que nos convierte a Cristo. Es la palabra griega *charis* y también es la raíz para *charisma*, la palabra griega que regularmente se asocia con los dones espirituales.[5] Cuando somos humildes, Dios nos da el poder de caminar en los dones espirituales por gracia: profecía, sanidad, palabra de ciencia, interpretación de lenguas, fe, milagros y discernimiento. (Vea 1 Corintios 12). Cuando estos dones se dejan ver en el pueblo escogido de Dios, es cuando puede testificar del poder y la potestad de Dios.

Existen niveles superiores para estos dones, se trata de un poder mayor que Dios quiere liberar y que todavía sigue encasillado. Él mide la fuerza de su pueblo para ver quién soporta el peso de este poder. ¿Quién podrá estar de pie bajo su peso y no quedar destruido por el espíritu del orgullo? Proverbios 16:18 dice: "Antes del quebrantamiento es la soberbia, y antes de la caída la altivez de espíritu". Me gusta lo que dice la versión de la *Traducción en lenguaje actual* (TLA):

> "El orgulloso y el arrogante, al fin de cuentas fracasa".

Este es el mismo versículo en la versión de la Nueva Traducción Viviente:

> "El orgullo va delante de la destrucción, y la arrogancia antes de la caída".

Dios no quiere avergonzar a sus escogidos (Sal. 25:2; Is. 54:4). Se agrada en nuestro éxito y prosperidad (Sal. 35:27). Su voluntad es exaltarnos a su tiempo, a medida que nos humillamos bajo su mano poderosa (1 P. 5:6). La idea de medirnos es asegurarse que puede confiar en que toda la gloria que Él deje brillar a través nuestro lo reflejará a Él.

Las promesas de Dios son en Él sí y en Él amén

Estos dos puntos se establecen en el corazón de los escogidos: 1) Dios es eterno, y 2) Dios es inmutable. Nunca cambia. Si Él lo dijo, obrará bien en ello, incluso cuando todo en la dimensión natural diga lo contrario. Los escogidos viven en cada palabra que procede de la boca de Dios (Mt. 4:4). Su palabra es su pan de vida. Saben que cada promesa que Dios les ha hecho es buena e indiscutible.

> "Pues tantas como sean las promesas de Dios, en Él todas son sí; por eso también por medio de Él, Amén, para la gloria de Dios por medio de nosotros".
>
> —2 Corintios 1:20, lbla

Dios es el mismo ayer, hoy y siempre. Dios no cambia sus promesas. No podemos acobardarnos por lo que sucede en nuestra vida. Debemos sujetarnos y entender las promesas de Dios. Cuando nos vemos en una situación tan difícil como si estuviéramos travesando un desierto sin una gota de agua, sin una sola palabra profética, bendición manifestada, ni respuestas a nuestras oraciones, es ahí donde debemos aferrarnos a la palabra del Señor que dice: "No cambio", que indica "No soy hombre para mentir", y que confirma "Soy un buen Padre que da buenas dádivas a sus hijos".

Lo desafío a apropiarse de las promesas de Dios; abra su boca y declare lo que Dios ha hablado sobre su vida. Cada vez que pasa algo traumático en nuestras vidas, el diablo espera que nos quedemos en silencio. Sin embargo, los elegidos se levantan y exclaman:

> "Hubiera yo desmayado, si no creyese que veré la bondad de Jehová en la tierra de los vivientes.

> Aguarda a Jehová; esfuérzate, y aliéntese tu corazón;
> sí, espera a Jehová".
>
> —Salmos 27:13–14

Los escogidos permanecen en una búsqueda continua para conocer a Dios. Pasan tiempo con Él, pidiendo consejo en su templo. Son una generación de la presencia. Valoran su relación con Él más que con la religión. Esa es la razón por la que conocen que Dios no olvidará sus promesas. Y porque lo conocen, tienen fe en su bondad. Sus corazones se fortalecen en el Señor y en la firme naturaleza de Dios. Saben que lo que Él dice es verdad. Saben que lo que ven en la dimensión natural no es tan real como lo que Dios ha dicho en el Espíritu. Por esa razón pueden ser valientes y esperar en Él, porque Él cumplirá.

En Éxodo 3:14 Dios le dice a Moisés: "YO SOY EL QUE SOY." ¿Qué significa? El primer YO SOY significa "estoy aquí ahora". Al agregar el segundo "Yo soy" está hablando de su omnipresencia, lo que significa "Estoy aquí ahora, estaré aquí en el futuro y siempre he estado aquí. YO SOY todo lo que necesitarás durante toda tu vida". Esto fue lo que le dijo a Moisés antes de ungirlo para partir el mar Rojo (Éx. 14). Dios mantuvo su promesa a Moisés. Fue el Yo soy para el pueblo de Israel y Él es el Yo soy para su generación escogida.

Si no entendemos estos temas acerca de Dios ni de las promesas que marcó en nuestros corazones, el diablo tratará de hacernos retroceder. No obstante, también tenemos días en los que entendemos bien la grandeza del YO SOY. En cualquier cosa que falte, Él es. Siempre ha estado en todo lugar. Nunca ha habido un solo momento en el que Dios no estuviera y eso nunca cambiará. Él es el Dios de su pasado, presente y futuro, y al estar en la dimensión de los escogidos, las promesas de Dios se harán realidad en su vida.

Cuando la sabiduría de Dios es el fundamento principal

Las características de Dios de inmutabilidad (nunca cambia) y omnisciencia (que todo lo sabe, no adquiere ni pierde conocimiento), son el fundamento de su sabiduría. Él lo sabe todo.

¿Desde hace cuánto tiempo se ha mencionado en círculos dentro del cuerpo de Cristo que el espíritu de sabiduría está descendiendo? Dios dice que el espíritu de sabiduría está aquí y siempre ha estado aquí. Conoce todo. Nunca hubo un momento en que Él no tuviera el conocimiento. Lo que estamos viviendo en esta generación actual, para quienes vienen a Él y buscan su rostro, es que Dios descarga en nosotros una cantidad incalculable de sabiduría porque en Él está todo el conocimiento.

Una de las palabras que he escuchado durante esta época es *ingenio*, relacionado con ideas acertadas. Una persona ingeniosa es aquella que es "sagaz en percepción o juicio" o "perspicacia", discernimiento y perspectiva.[6] Una persona ingeniosa es "una persona de intelecto superior", un "pensador."[7] Son "perceptivos y articulados con mucha imaginación."[8] Personas como ellas son quienes producen riqueza. Son quienes recibirán de Dios el tipo de sabiduría que trae abundancia.

Cuando escribí mi primer libro, *The Prophetic Advantage* (La ventaja profética), Dios me revelaba gran cantidad de información con relación a los siete espíritus de Dios, especialmente el espíritu de sabiduría. Aunque entendía lo que Dios me decía en ese entonces, ahora lo veo de forma diferente. Lo que me ha mostrado es que sus revelaciones para nosotros contienen sabiduría, conocimiento y entendimiento. Entonces, no se trata solo de que se nos ocurrirán buenas ideas, sino que Él también nos dará la estrategia necesaria para llevarlas a cabo.

Es decir, Dios dará sabiduría por medio de su Espíritu, la cual traerá gran riqueza al reino de Dios, pero antes de recibir esa riqueza, debemos adorar. Si usted no es un adorador, no podrá recibir estas bendiciones. El espíritu de sabiduría es para el pueblo de la presencia. Se ha almacenado para que los escogidos tengan acceso a ella.

Dios dijo: "Yo soy el que soy. Todo el conocimiento está en Mí, todo el conocimiento. Si no saben algo, vengan a Mí". Nuestra carne siempre nos conduce a acudir primero a alguien más, antes de ir a Dios; sin embargo, los escogidos no hacen eso. Los escogidos saben que esta clase de sabiduría no puede obtenerse de los hombres. En 1 Corintios 1:25 leemos que lo insensato de Dios (refiriéndose a la idea, plan o estrategia más simple o menos pensada) tiene más sabiduría que los mejores pensamientos que se nos pueden ocurrir a nosotros.

En este momento, hay situaciones que solo existen en el cielo y que Dios desea recrear en la tierra. Hay creadores escogidos que se levantan en este momento, personas que tendrán acceso a la sabiduría y la creatividad del cielo por medio de la adoración a Elohim, Dios Creador.

Muchas cosas que consideramos creativas no son más que réplicas con una imagen renovada. Dios nos dice: "Escogido, estoy eliminando el bloqueo de tu mente. Llegarás a pensar como Yo pienso y no te distraerás. Lograrás extraer elementos del reino celestial hacia al reino terrenal que bendecirán al pueblo y extenderán mi reino. ¿Puedes verlo?".

Cuando la omnipresencia de Dios es la fuerza espiritual de los escogidos

Dios es omnipresente. Aunque creo que lo sabemos en nuestra mente, no creo que estemos conscientes de esta cualidad en cuanto al poder de Dios y a lo que tenemos acceso por medio de su omnipresencia. Ser omnipresente significa que no hay espacio o tiempo en donde Dios no habite. Su presencia está en todo lugar y Él quiere que saquemos partido de ello. Conforme fui estudiando los nombres de Dios, el Señor abrió mi mente acerca de quién es Él y pude experimentar un poco de ello. A través del estudio y revelación por su Espíritu Santo, me ha estado mostrando el significado de varios aspectos de su personalidad.

Nos encanta decir que Dios es el Dios de Abraham, Isaac y Jacob. Dios también lo dice: "Yo soy el Dios de tu padre, Dios de Abraham, Dios de Isaac, y Dios de Jacob" (Éx. 3:6). Pero lo que Dios me ha mostrado es que Él es el Dios de Abraham, Isaac y Jacob *¡al mismo tiempo!* Él estuvo presente en el pasado eterno *y lo estará* en el futuro eterno.

Cuando logre conectarse con su omnipresencia por medio de su Espíritu, también podrá conectarse con ideas futuras, revelación futura y estrategias futuras que podrá traer a su presente. ¿Puede imaginarse el beneficio que tendría al crear un negocio nuevo, lanzar un ministerio, escribir un libro o revivir una comunidad olvidada? Usted podrá ofrecer soluciones e impactar vidas en maneras en las que nadie ha podido hacerlo en el presente.

En la omnipresencia de Dios encontramos el poder para recibir riqueza. La riqueza viene por medio de la creatividad y la innovación. La riqueza viene como resultado de ofrecer al mundo algo que nunca se ha visto o hecho antes. Pensar en que se puede tener acceso a la sabiduría de Dios y traer al presente las revelaciones e ideas del mañana es alucinante, pero es posible para los escogidos. Está empezando a tener una conexión con una fuerza espiritual que alimenta la vida de los escogidos de Dios.

Dios es el Alfa y el Omega, los dos al mismo tiempo. No es el Alfa hoy y el Omega mañana. No, Él es ambos al mismo tiempo. Esto significa que cuando oramos por sabiduría, conocimiento y entendimiento, estamos teniendo una conexión con toda su sabiduría, la que conoce todo el presente, todo lugar, todo al mismo tiempo. Cuando Él dice: "*Todo* lo que necesitas, todo te lo puedo dar", lo dice en serio.

Cuando el manto de la creatividad sobrenatural está sobre nosotros

Espero que vea la razón por la que llamo a los escogidos, el pueblo de la presencia. El enemigo conoce el valor de la presencia de Dios. Sabe cuánto ganamos al habitar en la presencia de Dios. Asecha nuestra relación con Dios para destruir esa conexión que es la fuente del poder de Dios en la tierra. Somos portadores de la gloria. Somos a quienes Dios usa para cambiar y transformar vidas.

El diablo está contra Dios, su creación y todo lo que es justo y bueno. Por lo tanto, trata de apartarnos del poder de la presencia de Dios al hacernos creer que no valemos. Usa la inseguridad y la falta de valor para alejarnos de buscar a Dios en oración, del estudio de la Biblia y de la adoración. Cuando el enemigo gana esta batalla, fortalezas demoníacas como el rechazo y la pobreza nos mantendrán atados para evitar que vivamos a nuestro máximo potencial.

Aun así, Dios se mueve en favor nuestro. Él derriba los sistemas y estructuras religiosos que nos apartan de la presencia de Dios. Su presencia está donde está su gloria. Su gloria está donde habita su poder. Necesitamos tener acceso a su gloria para recibir el poder que nos permita hacer todo aquello para lo que fuimos diseñados. No existen límites para las formas y los medios en que estas cosas se manifestarán.

Dios está liberando un manto de creatividad que incluirá sanidad sobrenatural, similar a una nueva creación de miembros y órganos como riñones e hígados. Hay personas que pasan meses y años en listas de espera para recibir estos órganos vitales. No se puede vivir sin ellos. Sin embargo, nuestro Dios todopoderoso se manifiesta a sí mismo nuevamente como el creador.

Sabemos cómo adorarlo como Jehová Jireh, nuestro proveedor (en especial en la iglesia estadounidense). No obstante, ¿sabemos cómo adorarlo como Elohim, el creador del cielo, la tierra y todo lo que hay en el medio? Aquel que puede crear ojos y miembros es el mismo que puede soltar un nivel nuevo y completo de creatividad para los milagros, la provisión, la riqueza y mucho más.

Potenciar este entendimiento trae un significado completamente nuevo a Filipenses 2:5: "Haya, pues, en vosotros este sentir que hubo también en Cristo Jesús". ¿Acaso no hemos que Jesús sanaba milagrosamente y restauraba funciones nerviosas, musculares y óseas? ¿Qué creemos que pasó en el cuerpo de Bartimeo cuando restauró su vista? (Vea Marcos 10:46–52). ¿Qué pasó con los huesos y los músculos del paralítico que se levantó y caminó después de treinta y ocho años (Juan 5:1–4) o de los nervios del hombre con la mano seca (Marcos 3:1–6)? El hombre recibió estructuras nuevas físicas e internas que permitieron que los que alguna vez fueron órganos defectuosos pudieran restaurarse y funcionar de nuevo.

Este es el nivel de creatividad milagrosa que los escogidos traerán del reino celestial al reino terrenal. Sí, el poder de la creatividad y la gloria también cubre inventos e ideas ingeniosas, tal como ya lo mencioné. Debemos ver que incluso las ideas restauran vidas y dan nueva forma al mundo.

Dios nos llevará, a sus escogidos, al futuro, en donde veremos cosas que nunca hemos visto antes. Prepárese ahora para ello.

CUANDO LA PROFECÍA VERDADERA TIENE FUNDAMENTO

Cuando entramos al reino de los escogidos, hablamos acerca de una ventaja profética real. Debe tener la capacidad de entender qué significa que Dios es el mismo ayer, hoy y siempre.

En realidad, Dios no profetiza. Piense en ello. Si Él está presente al mismo tiempo en el pasado, presente y futuro, significa que lo que existe en el futuro es como si fuera el presente para Él. Él profetiza desde su futuro, pero porque Él está ahí ahora, así como está en su presente. ¿Realmente está profetizando?

Imagino que alguna vez escuchó que alguien recibió una palabra profética con la que usted pensó: 'Ahí el profeta se equivocó. Se alejó mucho con lo que dijo. Eso no puede ser para esa persona' Lo que escuchó no podía ser posible por lo que usted sabía de esa persona en ese momento. Pero déjeme decirle, un verdadero profeta develará quién es la persona, incluso quién será en el futuro, porque un profeta verdadero ve lo que Dios ve.

Si alguien "profetiza" con base en quién era usted en el pasado, su profecía está bajo la influencia de un espíritu relacional. El enemigo siempre usa nuestro pasado en contra nuestra, mientras que Dios siempre nos lleva a ver las cosas que están por delante (Flp. 3:13–14). Un verdadero profeta mirará nuestro futuro y verá lo que Dios está diciendo. Verán la fuerza creativa de Dios y lo llevarán hasta ese punto por el poder de la Palabra.

Puede ser que sepamos todas estas cosas de Dios de forma teórica, pero necesitamos que se vuelvan prácticas en nuestro ser espiritual. Dios se prepara para probar algunas cosas en usted porque en usted hay algo que el Señor quiere extraer para liberarlo en la tierra. Usted podría decir: "Señor, lo siento. Hoy no tengo esa unción". Pero Él se va a su futuro y tomará del poder en el que usted madurará y le dirá: "Aquí está. Tómala. La unción que necesitas está justo aquí". ¿Podemos decir aleluya a esto? En Dios tenemos todo lo que necesitamos, no se pierde nada, no nos falta nada, no se daña nada.

Hay ocasiones en las que trivializamos el poder de Dios con tocar a cinco personas y decir esto o aquello, corretear, tocar el piso, hacer un baile con gestos y girar alrededor. *No* se trata de hacer eso. Eso sería hechicería carismática cristiana. Se está levantando una nueva generación y anhelamos el fundamento, anhelamos conocer a Dios. Deseamos conocer cómo vivir de forma que le agrade para que seamos bienvenidos en su presencia. Decretos y declaraciones vanas, ya estamos cansados de eso. Se profetiza al viento y las cosas permanecen igual…Debe haber algo más grande e importante que esté sucediendo, de hecho, así es. Los escogidos son quienes lo están viviendo.

Cuando el privilegio de llevar el peso de la gloria tiene un costo

Ahora vamos al pasaje fundamental de las Escrituras para el estilo de vida de los escogidos y la dimensión de los escogidos: 2 Corintios 4:7–17 Ya he citado porciones de este versículo en la introducción y a lo largo de este capítulo.

Lo citaré en su totalidad y lo seguirá viendo nuevamente a medida que avancemos con el descubrimiento de lo significa no solo ser llamado, sino también escogido.

El pasaje es el siguiente:

> "Pero tenemos este tesoro en vasos de barro, para que la excelencia del poder sea de Dios, y no de nosotros. Que estamos atribulados en todo, mas no angustiados; en apuros, mas no desesperados; perseguidos, mas no desamparados; derribados, pero no destruidos; llevando en el cuerpo siempre por todas partes la muerte de Jesús, para que también la vida de Jesús se manifieste en nuestros cuerpos. Porque nosotros que vivimos, siempre estamos entregados a muerte por causa de Jesús, para que también la vida de Jesús se manifieste en nuestra carne mortal. De manera que la muerte actúa en nosotros, y en vosotros.
>
> Pero teniendo el mismo espíritu de fe, conforme a lo que está escrito: Creí, por lo cual hablé, nosotros también creemos, por lo cual también hablamos, sabiendo que el que resucitó al Señor Jesús, a nosotros también nos resucitará con Jesús, y nos presentará juntamente con vosotros. Porque todas estas cosas padecemos por amor a vosotros, para que, abundando la gracia por medio de muchos, la acción de gracias sobreabunde para gloria de Dios.
>
> Por tanto, no desmayamos; antes, aunque este nuestro hombre exterior se va desgastando, el interior no obstante se renueva de día en día. Porque esta leve tribulación momentánea produce en nosotros un cada vez más excelente y eterno peso de gloria".

Solía meditar en esto y clamaba. Solía solo enseñar sobre el peso eterno de la gloria. Recuerdo el clamor que presentaba: "Señor, ¡deseo el peso eterno de la gloria!". Y de repente, algo sucedió. Dios empezó a contestar mis oraciones con tribulación. Hablo de que pasaron unos diez años en tribulación y no lo comprendía.

Dije: "Señor, ¿de qué se trata toda esta tribulación y tiempo de prueba? ¿Qué más deseas de mí?". He servido al Señor desde que tenía 24 años. Sin dar pasos en falso, sin caer en pecado por descuido, sin doble ánimo en el ministerio. Nada de esto ha sido parte de mi historia. Pero cuando empecé a decretar esta escritura sobre mi vida, empezó a llegar un ataque atroz de parte del enemigo, como si hubiera abierto puertas para que entrara. Dios me mostró que todavía existían tesoros adentro de mí que Él quería liberar a través de mi vida. Por eso, tenía que aprender a estar firme bajo la tribulación, que era el peso de la gloria de Dios impulsando y extrayendo la grandeza de mí. En el proceso, tenía que pasar por el rompimiento de mi carne. Y fue durante este proceso en que escribí nueve o diez libros y viajé a más de 55 países predicando el evangelio de Jesucristo. Por favor no me malentienda, lo que digo, lo digo en el Señor. La excelencia del poder de Dios en mi vida es de Él y no mía.

Vemos que existen personas que surgen de repente y trascienden como miembros del cuerpo de Cristo. De la noche a la mañana se vuelven fenómenos de Facebook con miles de seguidores, son personas que predican el mensaje como propio, que en realidad solo copian de lo que oyen de otros santos maduros, profetas y apóstoles, pastores y maestros que han pagado el precio. Actualmente tenemos una cultura de microondas; es una cultura de la que muchos son parte, pero pocos la reconocen. Quedan atrapados entre la sensación y los sentimientos temporales. Ahora bien, en los lugares celestiales es evidente que estos "fenómenos" no tienen peso alguno.

Creo que Dios terminará con esto en algún momento, porque la generación que se está levantando es una generación que anhela más. Este es el pueblo que está desesperado por la presencia y el poder de Dios. Llevaremos el peso de la gloria.

No sé usted, pero en mi caso quiero hablar y que el cielo se mueva. Quiero hacer declaraciones y que los ángeles se muevan. No me preocupa el mover de la gente porque las personas son inconstantes. Las personas un día dicen que te aman y al siguiente te maldicen. Dios nos libera del deseo de tener la aprobación de otros y de buscar sus opiniones. Dios quiere que cortemos las cuerdas de la marioneta que nos provoca depender de los sistemas humanos.

La transferencia de riqueza que está próxima no solo se trata de adquirir bienes materiales. También se trata de dejar de depender en los sistemas hechos por el hombre. Dios así lo desea, al punto que ninguna nación, gobierno, banco o consejo directivo impío controle nuestro acceso a lo que en rectitud pertenece a sus escogidos. Dios así lo desea, pues todo lo que recibimos viene de Él.

Mi oración es que el enemigo suelte su mente en cuanto al dinero y las finanzas. El enemigo nos ha engañado y sometido a deificar y santificar la pobreza. La pobreza no es parte del reino de Dios por los mismos propósitos estratégicos. La Biblia dice que la pobreza es una de las cosas que Jesús extrajo de sí mismo en la cruz para que podamos ser ricos (2 Co. 8:9). En el reino de los escogidos, el dinero responde a todas las cosas (Ec. 10:19).

Debemos aprender a sobrellevar la tribulación. En 2 Corintios 4:8 leemos que "Estamos atribulados en todo, mas no angustiados". El enemigo quiere que nos sintamos angustiados, por lo que dejamos de lado nuestra resolución de servir a Jesús y su reino. Entonces, ¿qué hace él? Empieza a liberar golpes contra nuestras vidas.

Cuatro días antes de la conferencia Escogidos en 2017, mi hijastro se suicidó. Mis emociones estaban desbordadas. Me preguntaba qué significaba todo eso. Quería rendirme, pero Dios envió refuerzos. Trabajó en mis emociones y me fortaleció desde mi interior. Me ayudó a ver que estaba atribulada pero no angustiada. Si le hubiera dado la razón al enemigo y hubiera creído que todo estaba perdido, que estaba angustiada y quebrantada sin posibilidad de reparación, me hubiera rendido. Pero esos son los días cuando no podemos permitir que nuestras emociones nos controlen. Si no nos sentimos felices, dejamos de asistir a la iglesia. O bien, si estamos enojados impedimos que otro vehículo pase en el tránsito o discutimos con los agentes en el banco. Si nos sentimos solitarios y con derechos, podríamos dar paso a la lujuria cuando aquella persona atractiva y joven pase frente a nosotros.

Pero en el reino de los escogidos donde nos sometemos bajo el peso de la gloria, tanto el temor como el enojo, la desesperanza, la lujuria y cualquier otra emoción peligrosa dejan de atribularnos. El pueblo de Dios no puede dejarse conmover por sus emociones.

Cuando nos vemos en estas situaciones y nuestras emociones están fuera de control, necesitamos ser veraces con el Señor. No se disfrace con una máscara religiosa. Permita que Dios envíe a sus refuerzos celestiales para sostenerlo. Humíllese ante Él y arrepiéntase.

Lo que es de Dios no puede moverse en los momentos en que sentimos ira, amargura y falta de perdón. No podrá ser portador de la gloria de Dios cuando esas emociones habitan en su corazón.

Estos son los días en donde no puede darse ningún tipo de mezcla. Dios está buscando hijos rectos. Está buscando un pueblo íntegro. Está buscando a aquellos que serán portadores de su gloria para que Él permita que la tribulación venga.

En estos tiempos de gran tentación, tiene la oportunidad de establecer lo que ama en las cosas de arriba, porque eso permitirá a las personas con mentalidad espiritual a cumplir con el mandato del reino. He aprendido se agradecida por la tribulación, tal como lo sugiere Pablo en 2 Corintios 4:16–17. Sin la tribulación no pudiéramos estar en posición de portar su gloria o de vivir en el reino de los escogidos.

La designación de volvernos escogidos no es algo que se pueda tomar a la ligera. Conlleva un costo. Así como Dios lo ha colocado en el camino para vivir como uno de sus escogidos, lo animo a no temer a avanzar y a entrar en la dimensión de los escogidos. Este es el lugar que Dios diseñó solo para usted. Esta es la dimensión coexistente, donde lo celestial se manifiesta en la tierra, lo invisible se vuelve visible y lo sobrenatural colisiona con lo natural.

Para resistir esa transición, primero debe despojarse a sí mismo ante el Señor. Sincérese ante Dios. Permita que sane sus emociones y construya una fe indestructible dentro de usted. Entonces, cuando venga el tiempo en que se libere en usted la plenitud de lo que significa ser un escogido, tendrá la confianza de saber que a medida que usted avanza, todo el poder de cada atributo que se encuentra dentro de la persona de Dios estará disponible para usted.

Capítulo 2

EL CAMINO DE LOS ESCOGIDOS

"Me mostrarás la senda de la vida; en tu presencia hay plenitud de gozo; delicias a tu diestra para siempre".

—Salmos 16:11

En la actualidad, muchos de nosotros nos hemos sumado a las expectativas de la cultura de microondas en que vivimos. Incluso compartimos el cristianismo microondas. Queremos todo en un instante. Lo queremos ahora. Por esa razón es que hay muchos que dan gran valor a las acciones religiosas, siempre y cuando sean rápidas. Si no recibimos lo que queremos cuando lo queremos, perdemos la fe y sentimos que Dios no está para nosotros. No obstante, Dios desea mostrarnos que ser escogidos está relacionado con la travesía. Hemos emprendido un camino en donde cada día aumenta un poco más la justicia, santidad, gozo, abundancia, favor y sabiduría. No se llega a un destino final en la vida de los escogidos. Los seres vivos crecen; los objetos muertos no.

Dios está comprometido con nuestro crecimiento. El crecimiento no sucede de manera instantánea. Sucede a medida que pasa el tiempo. El camino de vida es una travesía para crecer en Dios. Esto desarrollará su deseo de que llevemos un fruto eterno, un fruto que permanezca (Juan 15:16). En nosotros existe un tesoro que Él quiere extraer. ¿Cómo extrae Dios el tesoro desde nuestras vasijas de barro? Por medio de la prueba y la capacitación a lo largo del camino de vida. El tesoro es nuestro llamado, nuestro propósito, nuestro don y nuestra medida de influencia. Este es nuestro peso eterno de gloria y saldrá cuando estemos dispuestos a caminar esta travesía con Dios. Debemos caminar con Dios a lo largo del camino de vida que Él ha trazado para nosotros.

Nuevamente, Dios está comprometido con su crecimiento. Su deseo no es que usted tenga un don sin claridad, sería como un don sin madurez.

Proverbios 4:18 dice que la senda de los justos, o de los escogidos, es una senda de vida y justicia que, como la luz de la aurora, va en aumento. Dios dice que estos son los días en los que Él quiere bendecir a su pueblo. Estos son los días en que como escogido, tendrá días maravillosos de bendición, pero debe caminar en el camino que Dios ha diseñado para usted. Es el camino de justicia. Dios está diciendo: "Estoy levantando a aquellos con corazones justos".

Nuestra sociedad está hambrienta. Pareciera que todo fuera una locura porque las personas no comprenden qué es la justicia. Tratan de redefinir conceptos en sus propias perspectivas finitas sin buscar a Dios, quien conoce todas las cosas. La falta de fundamento y estándares comprometidos han invadido el cuerpo de Cristo. Sin embargo, creo que estamos en una época en la que Dios está purificando nuestras razones. Nos configura en dirección de lo que le complace y nos permite caminar en favor, tanto de Dios como de los hombres. Ha entregado instrucciones divinas a sus escogidos y por el amor que le tenemos a Él y a su presencia, cumpliremos con ellas. Seguiremos detrás de Él en el camino que trazó para nosotros. Vamos en búsqueda de construir y hacer que el nombre de Jesús vuelva a resonar.

Proverbios 3 es el recurso que uso para cotejar lo que se necesita para permanecer con seguridad en el camino de los escogidos, el cual incluye:

- Confiar en el Señor: "Fíate en Jehová de todo tu corazón, y no te apoyes en tu propia prudencia; reconócelo en todos tus caminos, y Él enderezará tus veredas" (Pr. 3:5–6).
- Temer al Señor: "No seas sabio en tu propia opinión; teme a Jehová, y apártate del mal. Porque será medicina a tu cuerpo, y refrigerio para tus huesos" (Prov. 3:7–8).
- Honrar al Señor "Honra a Jehová con tus bienes, y con las primicias de todos tus frutos; y serán llenos tus graneros con abundancia, y tus lagares rebosarán de mosto" (Pr. 3:9–10).
- Mantener a Dios como su confianza: "Cuando te acuestes, no tendrás temor, sino que te acostarás, y tu sueño será grato. No tendrás temor de pavor repentino, ni de la rutina de los impíos cuando viniere, porque Jehová será tu confianza, y Él preservará tu pie de quedar preso" (Pr. 3:24–26).

  El temor lo hará tambalearse. El temor origina desesperación. El temor conduce sus emociones a adueñarse del lugar. El Señor enviará a su Espíritu a fortalecerlo y a estabilizarlo. El Señor es su confianza, su fundamento, su piedra angular y su torre fuerte.

- Caminar en bondad y en generosidad: "No te niegues a hacer el bien a quien es debido, cuando tuvieres poder para hacerlo" (Pr. 3:27).
- Evitar la maldición del Señor: "La maldición de Jehová está en la casa del impío, pero bendecirá la morada de los justos" (Pr. 3:33).
- Permanecer humilde: "Ciertamente él escarnecerá a los escarnecedores, y a los humildes dará gracia" (Pr. 3:34).

Proverbios 3 contiene otros puntos adicionales que son esenciales para nuestra comprensión a medida que andamos con Dios en el camino de los escogidos. Ahora demos un vistazo más cercano a lo que se refiere.

Permita que Dios lo corrija

> "No menosprecies, hijo mío, el castigo de Jehová, Ni te fatigues de su corrección; porque Jehová al que ama castiga, como el padre al hijo a quien quiere".
>
> —Proverbios 3:11–12

Como ya dije anteriormente el Señor está comprometido con nuestro crecimiento y si queremos crecer, tenemos que estar abiertos a la corrección cuando nos equivocamos.

La Biblia dice que Dios corrige a aquellos que ama. Dios ama a sus escogidos, quienes obtienen el beneficio exclusivo de recibir la corrección y la disciplina del Señor. La corrección de Dios trae santidad, transformación, liberación y limpieza de la idolatría, infidelidad, iniquidad y maldiciones generacionales.

He pasado por la corrección de Dios en mi propia vida y a este día, sigo en ese proceso. Estoy tan agradecida por eso. En una ocasión, me llamaron a otro país para ministrar con un grupo de profetas. Si recuerdo bien, era la única mujer y me veía bien. Tenía un traje rojo y me puse unos zapatos altos con diseño de leopardo. Estaba lista. Sabía que el Señor se había estado moviendo en mí y si lo dejaba manifestarse, sabía que el fuego de Dios caería. Pero, los hombres tenían más experiencia y eran reconocidos, por lo que no me dieron ninguna preferencia.

A medida que el ministerio profético avanzaba y los hombres profetizaban con autoridad y se paraban al frente para hablar, me empujaban hacia atrás del escenario cada vez más. Soy pequeña y sabía que no podían verme. Simplemente me moví hacia atrás y traté de quitarme del camino. Dios me decía que solo me quedara ahí parada y que permaneciera en silencio. Le preguntaba: "Dios, ¿hice algo mal? ¿Por qué me dejas en la banca?". A pesar de eso, obedecí; incluso cuando sentí que la temperatura profética en el salón llegaba a un punto en que sabía que ellos querían atravesarlo. Como profeta de Dios, debo obedecerlo a Él primero y no debo querer sobresalir para que me vean o escuchen. Él me dijo que me quedara ahí, en silencio.

Justo cuando pensé que las cosas iban calmándose y que llegaba el tiempo para irme a sentar, uno de los líderes recordó que yo estaba ahí y me llamó al frente, me preguntó si tenía algo que decir. Le respondí que sí. Dije lo que Dios había estado hablándome para los que estaban ahí y el salón erupcionó con la gloria de Dios. Liberaciones, sanidades, milagros y mucho más sucedió en ese lugar.

Si no hubiera escuchado a Dios, no sé qué testimonio

hubiera dado a otras mujeres que pudieron haber estado observando para aprender cómo operar en espacios donde predominaban los hombres. Si no hubiera escuchado a Dios y hubiera tratado de tomar un micrófono y profetizar sin su permiso, lo hubiera hecho en la carne y no digamos el daño que mi ego y desobediencia hubieran causado. Me encanta profetizar y predicar, pero Dios sigue capacitándome y suavizando mi corazón para estar en sumisión completa para Él. No podemos ser parte de los escogidos de Dios si no lo obedecemos y estamos abiertos a su corrección.

En otra ocasión, Dios usó a uno de sus profetas para hablarme. Kevin Leal ha servido como si fuera un Mardoqueo en mi vida, manteniéndome en línea con mi singular llamado. Solía darme una palmada en la espalda y me decía: "¡Profetiza, chica!". Me decía: "Con la unción que hay en tu vida, siempre debes verte femenina. Ponte perfume. Siempre usa vestidos". Me dijo que no debería tratar de ser como un hombre en el ministerio, "aunque algunos podrían sentirse intimidados por la unción que hay en tu vida. Tu voz es fuerte. Deja que Dios obre", me decía. Todo esto me lo dijo un hombre maduro en la fe, un mentor profético que me habló en amor de hermandad. Dios envía este tipo de personas a nuestras vidas para mantenernos en el camino que Él diseñó exclusivamente para nosotros.

El poder de la sumisión es fenomenal. Muchas personas que supuestamente eran amigos del apóstol John Eckhardt, personas que sabían que era mi mentor y que yo estuve sirviendo en su ministerio por años, se acercaron a mí para tratar de que trabajara con ellos. Creo que él ni siquiera lo sabía. Me decían: "Ven aquí y trabaja con nosotros".

"Vean, no soy asalariada", pensaba yo, "además, he sido liberada del espíritu de orfandad. Tengo un hogar".

La corrección de Dios nos trae liberación de las áreas de

debilidad que podrían provocar que saboteáramos nuestro andar con Él. Si tiene un espíritu de orfandad y no se libera de él, se comportará como un hijo ilegítimo y nadie podrá apartarlo de esa actitud porque usted no tendrá un corazón de pacto. Dios quiere romper cualquier residuo del espíritu de orfandad que viva en su pueblo escogido. Muchos de nosotros están buscando un padre o una madre, pero, ante todo, tenemos un Padre celestial. Quizás usted tenga un padre o una madre, o tal vez no vivió con ninguno de sus padres, pero usted tiene un Padre celestial. El próximo paso, a medida que madura en este entendimiento, es pasar a ser un buen hijo o hija.

El diablo no conoce todo para lo que usted ha sido llamado a hacer, pero está familiarizado con su linaje. En el caso de algunas mujeres él podría pensar: "En este linaje hay fuertes mujeres líderes, por lo que les señalaré lo opuesto, el espíritu de Jezabel y el rechazo (algo que abra la puerta). Después, pondré hombres en su vida con el espíritu de Acab para que puedan tener una conexión y así, eliminar su llamado".

Pero Dios deja caer su gracia y misericordia a través de la corrección y la orientación de los santos, Él siempre está trabajando para dirigirnos en nuestro destino. Él está comprometido con nuestro crecimiento.

Dios fue quien dio inicio a esta fiesta. Él nos amó primero. Él nos escogió primero. Dios dio inicio a esto y Él es fiel para completar todo aquello que haya empezado en nosotros. Por ello, para que su gozo pueda ser completo, permita que Dios lo corrija, enseñe y discipline. Él quiere liberarlo de todo tipo de cosas que tergiversarán la pureza de la unción en su vida, pues su deseo es que usted tenga manos limpias y un corazón puro.

HALLE SABIDURÍA, RECIBA INTELIGENCIA

> "Bienaventurado el hombre que halla la sabiduría, y que obtiene la inteligencia".
>
> —PROVERBIOS 3:13

Sabiduría es el elemento principal. Lo ayuda a caminar confiadamente para que su pie no tropiece (v. 23). Este es un tiempo en el que el Señor libera un viento fresco. Él libera sabiduría y revelación sobre su vida como si nunca la hubiera conocido anteriormente. Él dijo: "quiero que mi pueblo entienda que yo soy el Rey de gloria. Yo soy el Señor, poderoso en batalla".

Siempre que usted avance en el mover de Dios, hay posibilidad para una guerra espiritual. ¿Por qué? Porque en ocasiones, usted empieza a adentrarse y tomar territorio que está ocupado por el enemigo. Hay momentos en la vida de los escogidos cuando confrontar al enemigo y superar la adversidad es inevitable, es cuando necesita sabiduría que lo ayude a explorar las tierras desconocidas. En algunos giros y cruces durante la travesía, podría parecer que las circunstancias no pueden superarse. Quizás se sienta abrumado en ocasiones, tal vez siente como que no llena los requisitos para el siguiente nivel. Las decisiones se vuelven más difíciles. Más personas necesitan los dones y talentos que usted posee. Va a necesitar sabiduría. "Y si alguno de vosotros tiene falta de sabiduría, pídala a Dios..." (Stg. 1:5).

La primera oración de Salomón a Dios después de haberse convertido en rey de Israel fue para pedir sabiduría para reinar y servir bien en su nueva misión. La recibió en abundancia, así como una gran riqueza. Moisés, un líder renuente al principio, recibió un consejo sabio de su suegro que le dijo cómo delegar las responsabilidades del liderazgo entre varones de virtud, temerosos de Dios para que él no tuviera que llevar solo las cargas de una nación en crecimiento (Éx. 18:1–23).

La sabiduría está disponible para nosotros en cada nivel al que Dios nos lleve. Al ser escogidos debemos orar con fervor a Dios y recibir la sabiduría que necesitamos para este momento.

> "Los sabios heredarán honra, mas los necios llevarán ignominia".
>
> —Proverbios 3:35

Permanezca puro e íntegro

> "Porque Jehová abomina al perverso, mas su comunión íntima es con los justos".
>
> —Proverbios 3:32

La palabra *perverso* en este contexto no solo se usa con relación a la perversión sexual, como se supone de forma inmediata por las enseñanzas que se dan en las iglesias. También significa "desviarse", "apartarse", "equivocarse o torcerse", "retroceder" o simplemente "malintencionado."[1] Perversión se relaciona con caminar alejado de Dios. Se trata de "alejarse de lo que es bueno o correcto: corromper" y "ser negligentes al oponerse a lo que es bueno, razonable o aceptado".[2] Cuando nuestros corazones son perversos, no recibiremos el consejo íntimo del Señor. Los escogidos se apasionan por el consejo y la revelación de Dios. No podemos vivir sin ello. Dado que conocemos cuánto necesitamos su consejo, buscamos mantener un corazón puro e íntegro ante el Señor.

Dios realmente me ha estado hablando a través de Salmos 24. A medida que estudiaba, oraba constantemente y ministraba este mensaje *escogido* seguía escuchando:

"¿Quién subirá al monte de Jehová?". Como ya dije en la introducción, siempre que lea la Escritura en donde Dios está llamando a su pueblo para que lo conozca, lo hace a una colina o monte. Esos eran lugares que Él designaba para que su pueblo lo encontrara. En el Salmo 24, Dios estaba diciendo: "¿Quiénes son los que se pueden reunir conmigo?". Recibimos una respuesta inmediata: "El limpio de manos y puro de corazón" (v. 4).

Dios está llamando a sus escogidos: "¿Quiénes pueden estar ante mi presencia, escuchar mi instrucción y traerla a la nueva generación que necesita escuchar la pureza de mi voz? ¿Quién me representará?".

Creo que estamos en una época en donde esta generación necesita escuchar la pureza de la voz del Señor. Estamos atravesando un tiempo en el que se necesitan nuevos líderes, hombres y mujeres de Dios, que se levanten con un mensaje puro y corazones limpios.

¿Qué significa tener las manos limpias? Significa vivir con integridad. Las manos representan motivos u obras. Debemos permitir que Dios purifique nuestros motivos u obras para permanecer en el camino de la vida y movernos en gran poder y fortaleza. A medida que nos purifica, aumenta nuestra capacidad para manejar más autoridad. El poder, la autoridad e incluso la riqueza real que recibe en su vida revelan quién es usted. Dios quiere asegurarse que, a medida que usted viene en su nombre, lo que revela es puro.

En la siguiente porción del versículo 4, el Señor dice: "El que no ha elevado su alma a cosas vanas, ni jurado con engaño". Ahora tenemos una mejor comprensión de lo que significa ser impuro o perverso a los ojos de Dios. Como acabamos de ver, la perversión se relaciona con apartarse de Dios, ir en la dirección incorrecta o rechazarlo. Cuando ponemos otras cosas por encima de Dios y les damos nuestra fidelidad y adoración, es cuando caminamos en idolatría. Nos alejamos de Dios y le damos la prioridad a otras cosas y no a Dios. El espíritu de idolatría es uno de los grandes problemas con los que Dios quiere acabar en el cuerpo de Cristo, es decir, idolatría de la personalidad. En ocasiones, quedamos atrapados en personalidades, gente y movimientos, y olvidamos dar prioridad a Jesús. Creo que a medida que vamos subiendo el monte del Señor, estos son días en los que Dios está quitando toda la idolatría de nuestras vidas.

Actualmente, Dios está dando instrucciones a sus escogidos y la razón por la que en ocasiones no cumplimos lo que Dios nos pide hacer es porque rendimos una fidelidad equivocada. En el camino de la vida, Dios está en el proceso de corregir y volver a dar equilibrio a nuestra fidelidad. Está eliminando de nosotros toda idolatría, lujuria y perversión. Todo aquello que en su corazón le impida obedecer la voluntad de Dios, es un ídolo. Todo en lo que tenga más fe, en comparación con lo que hace en Dios, es un ídolo. Dios requiere que tengamos una devoción pura y definida. No espera menos.

Uno de estos ídolos es el temor. Escuchen, mis amados. El temor, en realidad es una expectativa falta que parece real. Tal vez lo escuchó de forma diferente, el temor es una evidencia falsa que parece real, pero quiero mostrarle algo. El temor, para la mayoría de nosotros, se trata de lo esperamos en el futuro. La expectativa es el "pensamiento firme de que algo *sucederá* o que será el inicio de algo"; "un pensamiento de que alguien *logrará* o debería lograr algo".[3] Nos da temor pensar en que algo no saldrá bien en el futuro.

Cuando deja que este tipo de temores sobrepase a Dios, quien es más que suficiente, que es su proveedor, que lo protege, que es su sanador, que es omnipotente y omnipresente, que es el mismo ayer, hoy y siempre, está diciendo que los problemas o situaciones de mañana son más grandes que Dios. En ocasiones, cuando mide el temor en su vida, puede darse cuenta de que tiene un ídolo. Le está dando más peso y valor en su vida al temor que a Dios. Y considero que estos días son en los que Dios está eliminando la idolatría y la falsedad de nuestras vidas. Y debe hacerlo porque su plan es levantar un pueblo que tenga manos limpias, corazones puros y que esté dispuesto completamente para Él.

Los escogidos son aquellos que garantizan su fidelidad al Cordero de Dios y no a cualquier marca de una personalidad u organización, no a cualquier movimiento, sino al reino de Dios. Somos una generación establecida en el camino de vida y no perderemos nuestro enfoque en Él. No estaremos en todos lados haciendo todas las cosas, sino que buscaremos lo que Dios nos ha designado hacer.

No permita que su alma levante ningún ídolo. Busque el rostro de Dios en verdad. Acepte su invitación a andar en el camino de vida y subir a su santo monte en donde Él le contará secretos que usted no sabe. Lugares en donde Él le dará sabiduría y estrategias divinas. No permita que el ego le gane y lo aleje de su presencia. De nuevo, la excelencia de su poder no es nuestra, es de Dios. El orgullo es una forma de idolatría en donde nos colocamos a nosotros mismo y a nuestras necesidades, por encima de Dios. Él nos purifica de todo lo que pudiera interponerse en el trayecto para permanecer en el camino que Él ordenó para nosotros.

Cómo encontrar su camino

Cuando aceptó a Cristo, se desvió del camino de la destrucción y Dios lo dirigió para retomar el camino de vida. Efesios 2:2 dice: "en los cuales anduvisteis en otro tiempo, siguiendo la corriente de este mundo". El mismo Espíritu que "nos dio vida juntamente con Cristo" y "nos hizo sentar en los lugares celestiales" nos conducirá al camino celestial que está designado exclusivamente para usted.

Al hablar de sus planes para nuestras vidas, Dios obra a través de su unción profética, la cual es la razón de por qué los escogidos son el pueblo de la presencia. En la presencia de Dios, podemos escuchar lo que dice, podemos declararlo y empezar a ver cómo todo se alinea, de manera que nos muestra el camino a seguir. La Biblia dice que a medida que salga del camino de adversidad y aflicción, "tus maestros nunca más te serán quitados, sino que tus ojos verán a tus maestros. Entonces tus oídos oirán a tus espaldas palabra que diga: Este es el camino, andad por él; y no echéis a la mano derecha, ni tampoco torzáis a la mano izquierda" (Is. 30:20–21).

En ocasiones, los maestros son los profetas que Dios envía a dar una palabra de revelación en su vida. Otras veces, es su oído y su espíritu los que están en sintonía con el Espírito mismo que le permite tener una revelación que lo dirige al camino en el que debería caminar.

Muchas personas se acercan a mí y me dicen: "Profetisa, sé que Dios me ama, pero no sé qué debería hacer". La Palabra de Dios contiene la voluntad de Dios, pero solo por medio de su relación personal con Él es que el Señor puede revelar particularidades de su vida. Confíe en que cuando sus deseos y pensamientos han sido purificados y santificados, todo lo que sienta en su corazón a hacer, eso es lo que Dios le dice que haga. Empiece a hablar con voz alta, empiece a declarar y ore para pedir instrucciones y estrategias. Al orar y declarar lo que Dios ha hablado a su corazón que haga, la gracia de Dios caerá sobre su vida. Los cielos se abrirán sobre su vida y sabrá que el poder, el favor, la fortaleza y la gloria de Dios llegan.

Lo sabrá por medio de la revelación

Los escogidos son la generación de la revelación porque son el pueblo de la presencia. Lo va a escuchar una y otra vez. Los escogidos no pueden prosperar fuera de la presencia de Dios. Su palabra es lámpara a nuestros pies y lumbrera a nuestro camino (Sal. 119:105). La luz es un símbolo de revelación espiritual o iluminación. Y no diremos que no sabemos lo que hacemos. El camino de Dios posee luz, revelación y deja ver cada uno de los pasos en todo momento. Jesús prometió que cuando su Espíritu Santo viniera, quien también es el espíritu de verdad, nos revelaría todo lo que se relacionara con nuestras vidas.

La revelación produce entendimiento e interpretación

Prestemos atención a esto: muchos de nosotros seguimos en el mismo lugar desde hace tiempo. Estamos estancados porque necesitamos interpretación. La revelación profética produce interpretación. Si usted es como muchos creyentes mucho se ha descargado sobre usted, pero tiene poca comprensión de lo que significa en su vida y cómo puede avanzar en ello. Dios le dará instrucciones y patrones sobre cómo puede seguir avanzando. Esta información Dios puede darla a través de hombres o mujeres de Dios, o podría dársela directamente a usted. Dios le mostrará cómo aprovechar los sueños de su corazón, lo cual es importante porque el trayecto de su vida se ha trazado por medio de los sueños de su corazón, cuando estos han sido santificados. Dios se mueve en su corazón por medio de los anhelos, por ello, la Escritura dice que Él le concederá los deseos de su corazón si se deleita en Él (Sal. 37:4).

Su presencia lo conducirá a su camino de vida

Tener hambre de la presencia de Dios es más que solo querer estar en una adoración maravillosa en una bella iglesia. Tanto dentro como fuera de la iglesia, en lo cotidiano contra las circunstancias y decisiones diarias, Dios nos lleva a convertirnos en el pueblo de su presencia. Cuando llegamos a conocer cómo cumplir nuestro propósito y destino debemos estar hambrientos por su presencia, más que por cualquier otra cosa. Dios guía por medio de su presencia. Debemos ser como el pueblo de Israel, un pueblo que siguió una columna de nube de día y una columna de fuego en la noche. Demos convertirnos en el pueblo que le pida a Dios que nos enseñe y dejarlo que nos guíe en el camino en el que deberíamos andar.

Las claves para permanecer en la presencia de Dios son la oración, la adoración, el estudio bíblico, la meditación y el ayuno cuando es necesario. Entre más tiempo estemos en la presencia de Dios, más cercanos estaremos a Él y a su voz. Jesús dijo: "Mis ovejas oyen mi voz" (Juan 10:27a). La palabra *oyen* en este contexto no solo es el sentido físico auditivo, sino también es acerca de seguir y obedecer lo que escuchamos. "Y yo las conozco, y me siguen" (v. 27b).

Dios le revelará el camino de vida. Lo trazará ante usted y lo iluminará con su palabra. A partir de ahí, usted será el responsable de hacer lo que Él hable.

Así como somos comparados con ovejas, también somos llamados hijos. La Escritura nos dice que los hijos de Dios son guiados por el Espíritu de Dios (Ro. 8:14). Debemos volver a hablar de hijos en el cuerpo de Cristo. No solo somos miembros. Somos hijos e hijas del Dios viviente y somos guiados por su presencia.

Lo que distingue a los discípulos del Señor Jesucristo de los de cualquier otra religión es que nosotros servimos al verdadero Dios viviente. Y si Dios vive en nosotros, entonces su presencia debería estar con nosotros. No se trata solo de poseer dones, también se trata de tener la unción. Queremos ser llamados, pero más aún, queremos ser escogidos. Anhelamos tener dones *y* ser ungidos. Anhelamos la presencia íntima de Dios. La marca del pastor está si Dios está con usted, pero su presencia debería estar con usted. Su presencia, su esencia, su naturaleza divina debería reposar sobre su vida.

Cuando usted está en el camino de vida con Dios, Él lo transforma por medio de su presencia y usted empieza a verse a la luz de lo que Él ha hecho para usted.

Dios pelea por usted para que permanezca en su camino

Salmos 24:7–8 dice: "Alzad, oh puertas, vuestras cabezas, y alzaos vosotras, puertas eternas, Y entrará el Rey de gloria. ¿Quién es este Rey de gloria? Jehová el fuerte y valiente, Jehová el poderoso en batalla". Este pasaje revela que el Señor hará que su nombre, Rey de gloria, sea exaltado y alabado en toda la tierra. Este es el día en el que Dios está dando gran revelación, está en el proceso de revelar su gloria, la naturaleza real de quién es Él, la cual se refleja en usted. De esta manera, Dios quiere que sepa que Él pelea por usted. Él es su Señor, poderoso en batalla y está peleando por usted y por aquello que Él ha colocado en su corazón para que lo busque.

Este tema lo estaremos hablando en todo el libro, pero lo mencionaré aquí también: Dios permite que los ángeles que designa para su destino lo ayuden a mantenerse en el camino de vida. El Espíritu Santo también está aquí con usted, dándole la revelación de cuál es su misión aquí en la tierra.

El objetivo de cada recurso celestial que se le ha enviado es mantenerse en el camino.

Creo que es algo fuera de serie y majestuoso saber que tenemos al Espíritu de forma permanente, ¡es el *Espíritu Santo* quien vive en nosotros! Jesús dijo: "Escuchen. Me voy, pero no los dejaré solos. Voy a enviar a Uno que más grande que yo y Él les enseñará todo. Él estará con ustedes" (Vea Juan 14:26).

Mi amado, usted no está en este mundo por casualidad. No está en esta década por casualidad. Dios tiene un propósito y un plan para su vida y Él va a enviar todo lo que necesite para cumplir el propósito dentro su propósito mayor, el cual Él creó para usted. Pero antes, debe subir al monte del Señor. Subir el monte del Señor nos eleva a un lugar para estar con Dios. Establezca y corrija lo que ama en las cosas de arriba.

Él desea que vea claramente la realidad de la dimensión espiritual coexistente para que sepa, sin una pizca de duda, que verdaderamente trae ayuda sobreabundante para usted. Con Dios y el cielo de su lado, usted es la mayoría. Así como Eliseo le dijo a Giezi al calor de la batalla: "No tengas miedo, porque más son los que están con nosotros que los que están con ellos" (2 Reyes 6:16).

La multitud celestial está esperando para ayudarlo. Se están arraigando por usted, para que cumpla con su destino. Están esperando que usted se conecte para activarlos y llamarlos para darles instrucciones. Están esperando por usted para atar y llamar a los milagros y maravillas que no están presentes en la tierra o en la dimensión natural. Quieren ver el poder y la gloria de Dios manifestadas a través de su vida, de la misma forma en que usted lo desea.

Dios dice que estos son los días en los que la llenura de quién es usted, está por levantarse. Y una vez entendamos y veamos por nosotros mismo cómo nos ve Dios, amados míos, seremos personas sumamente felices. Recibiremos la llenura del gozo del Señor. Nuestras familias tendrán sanidad y nosotros provocaremos que todas las familias de la tierra reciban bendición.

¿Qué le dijo a Abraham? Dijo: "Serán benditas en ti todas las familias de la tierra". Por eso mismo yo decreto que empezamos a comprender quiénes somos y nos alineamos con Dios para caminar con Él en el camino que él ha ordenado de forma exclusiva para nosotros. Las familias serán benditas por lo que usted haga *y* lo que *no* haga. Es fundamental dar nuestra respuesta a la invitación de Dios para caminar con Él en este camino y permanecer fieles. Decimos que esto es demasiado en el cuerpo de Cristo, pero es cierto: hay personas que están apegadas a sus dones y a la unción que usted posee. Y la forma en la que nos mantengamos limpios y puros delante de Dios determina la efectividad de esos dones y unción.

Debemos entender el peso de la gloria que está en nosotros. Somos representantes del Rey de reyes. Nos ha puesto aquí para manifestar el reino de Dios. Para ayudarnos y fortalecer nuestra fe en su amor hacia nosotros Él nos declara que Él es Dios, poderoso en batalla. Nuevamente, Dios quiere que comprenda que Él pelea por usted. Él nunca queda en derrota. Dios nunca jamás estará derrotado. Él siempre vence, vence, vence, sin importar lo demás. De hecho, Dios ya ha vencido. Esa es la razón por la que los escogidos deben fijar lo que aman en las cosas de arriba. Lo que sucede alrededor nuestro y lo que pone a prueba nuestra fe nos dirá lo contrario. Pero como ya lo he dicho, lo que existe en la dimensión espiritual es más real y eterno que lo que existe en la dimensión natural. Necesitamos tener disciplina en lo que ven nuestros ojos para no distraernos o desanimarnos y apartarnos del camino en que Dios nos ha puesto.

Ahora hablemos acerca del tiempo y los compromisos en el camino de los escogidos.

Capítulo 3

TIEMPO Y COMPROMISOS DE LOS ESCOGIDOS

"Y de una sangre ha hecho todo el linaje de los hombres, para que habiten sobre toda la faz de la tierra; y les ha prefijado el orden de los tiempos, y los límites de su habitación".

—Hechos 17:26

A MEDIDA QUE CRECEMOS en nuestra identidad y destino de escogidos, también debemos comprender el papel que juega el tiempo. Hay un tiempo especial y específico para cada propósito que se revelará para promover el reino. Conforme buscamos a Dios para la revelación de su plan para nuestras vidas y le pedimos que ilumine nuestro camino, necesitamos tener momentos de oración que nos permita participar en el tiempo de Dios.

La Biblia menciona dos palabras clave para el tiempo: *chronos* y *kairos*. Chronos trata del tiempo rutinario: una en punto, dos en punto, lunes, martes, miércoles, etc. Es rutina, es el tiempo de todos los días. Se trata de "ya sea mucho o poco tiempo."[1] Lo que hacemos con chronos, nuestro día a día, nuestro tiempo rutinario, y cómo invertimos nuestros días, momentos y segundos afecta cuando subimos al otro nivel de tiempo, lo que llamamos kairos, un tiempo establecido, un tiempo que Dios ha delegado para que usted camine en su destino. Kairos es el tiempo cuando Dios concede una oportunidad, "el tiempo correcto", el "tiempo establecido o adecuado", el "tiempo oportuno o estacional" o un "tiempo establecido".[2]

Puede que usted tenga una pasión, un sueño o una visión, pero lo que hace con su tiempo chronos (su vida diaria) prepara la plataforma para el tiempo establecido. Existe un tiempo establecido para lanzar su ministerio, empezar su negocio, dar su conferencia o publicar su libro. La convergencia que existe entre el tiempo chronos con el tiempo kairos es la que gobierna el camino, el propósito y la pasión de los escogidos.

La primera vez que recibí una palabra profética de que escribiría libros fue el 16 de octubre de 1996. Luego, en la misma fecha, pero dos años después, en 1998, volví a recibir otra palabra de que escribiría libros y que serían una parte importante de mis ingresos. ¿Sabía que mi primer libro, *The Prophetic Advantage* (La ventaja profética) no se publicó sino hasta el 12 de octubre de 2012? Dieciséis años pasaron entre el día en que recibí la primera palabra y el tiempo establecido para que se publicara el libro.

Entre el tiempo chronos y el tiempo establecido está el tiempo que Dios prepara su vida para llevar el peso de su gloria, la cual usted llevará en el tiempo determinado. Todo lo que encuentra en *The Prophetic Advantage* (La ventaja profética), todo lo que encuentra en este libro y todo lo que encuentra entre el primer libro y el más reciente es todo lo que aprendí, por lo que atravesé y lo que viví. Lo que escribí no es solo conocimiento teórico. Las palabras y lecciones que comparto vienen de mi propia vida. Cuando recibí la palabra profética la primera vez, toda la travesía para convertirme en una profetisa y viajar a las naciones, cubrió un lapso de dieciséis años que Dios usó para prepararme para lo que vendría, que era escribir libros.

Aunque gran parte a lo que tenemos acceso como escogidos viene del mundo espiritual, Dios nos capacita en el mundo natural. Nuestra comprensión natural y sabiduría natural está sobrecargada con la sabiduría infinita y omnisciencia de Dios.

El diablo trata de impacientarnos y hacer cosas en nuestras vidas naturales que nos hará desperdiciar tiempo y llevarnos a un ciclo de derrota. Su meta es detenernos antes de que llegue el tiempo de Dios. Nuestro deber es orar en esta hora para que Dios guarde nuestro tiempo y estaciones, porque no queremos adelantarnos a Dios ni queremos retrasarnos a Él. Deseamos que Dios sincronice nuestras vidas con el reloj del cielo para que logremos estar en el lugar correcto, en el momento correcto, con la gente correcta, haciendo lo correcto de forma que cumplamos con nuestro destino.

La persona que usted es hoy es la suma total de todo lo que ha hecho con su tiempo. No hay nada más importante que el tiempo y cómo lo usa. No desperdicie el tiempo. Cada uno de sus momentos y sus días son importantes para Dios. El tiempo es la medida de la vida. Debe asegurarse de hacer lo correcto con su tiempo.

Enséñanos a contar nuestros días

> "Enséñanos de tal modo a contar nuestros días, que traigamos al corazón sabiduría".
>
> —Salmos 90:12

La Biblia nos dice en Eclesiastés 3:1–8 que hay un tiempo y hora para todo: tiempo de nacer y tiempo de morir, tiempo de llorar y tiempo de reír. Incluso hay tiempo para descansar. Hay tiempo para todo. Sin importar lo que haga, asegúrese que lo está haciendo de acuerdo con el tiempo de Dios. Lo que hace hoy afectará su día mañana, entonces, pida a Dios que le enseña a contar sus días para que pueda recibir un corazón de sabiduría. En palabras sencillas esto significa que necesitamos aprender a usar nuestro tiempo.

Piense en esto: Si viviera otros diez años en este lado de la eternidad, ¿qué le gustaría hacer con esos próximos diez años de vida? Cuando hablamos acerca de la vida según los años, diez años, por ejemplo, suena como si tuviera toda una vida. Sin embargo, cuando hablamos de esto según los días, diez años son solamente 3650 días. Si tuviera otros veinte años, el total sería de 7300 días. Eso ya no suena como si fuera demasiado tiempo, ¿no es así? Esa es la razón por la que leemos la oración del salmista que decía: "Enséñanos a contar nuestros días". Quizás tuvieron una revelación de que en realidad no tenían tanto tiempo de sobra para vivir y cumplir con el plan y el propósito de Dios para ellos.

Por ello, lo exhorto a no pensar en su vida según los años; piense en días. Dios siempre quiere que pensemos en días. Empiece por ordenar su vida según el día. Defina su día, organice su día. Creo que lo mejor que puede hacer es levantarse en la mañana, buscar a Dios en oración y su palabra y permitirle que le instruya el orden de su día. El salmista también dijo: "de madrugada te buscaré" (Sal. 63:1). Dios nos enseñará cómo estructurar nuestros días y aprovechar el tiempo que tenemos. ¿Cómo? Dios dice que le clamemos y que Él nos responderá y nos enseñará cosas grandes y ocultas que no conocemos (Vea Jeremías 33:3). Él ordena los pasos de sus escogidos (Vea Salmos 37:23). De acuerdo con Salmos 139:16: "Mi embrión vieron tus ojos, y en tu libro estaban escritas todas aquellas cosas que fueron luego formadas, sin faltar una de ellas".

Dios tiene tal interés en su vida que nos creó y planificó cada día de nuestras vidas. Ama tanto a su creación que participa y se interesa en los detalles de todo lo que nos importa. Incluso sabe la cantidad de cabellos que hay en nuestra cabeza.

Queremos llegar al lugar donde disfrutemos cada momento de nuestro día y comprometamos cada segundo para el Señor. Es importante que permanezcamos conscientes de nuestro tiempo, pues como ya lo he dicho, el tiempo es la medida de la vida. La manera en la que usemos nuestro tiempo determina la calidad de nuestra vida. Por su Espíritu, Dios nos enseñará cómo movernos durante nuestro día y aprovechar cada momento y oportunidad para estar alineados con el plan perfecto que tiene para nuestra vida. Para algunos de nosotros, Él podría incluso acelerar nuestros días y horas para que lo que se pudo haber perdido por mano del enemigo se recupere y redima. Dios no quiere que se quede atrás. Debemos orar así: "Dios, enséñame a contar el número de días para poder recibir un corazón de sabiduría".

Estas son algunas formas para aprovechar el tiempo:

1. Pida a Dios que le dé las manos de los diligentes.

Los escogidos no son perezosos ni negligentes. Los escogidos tienen manos de diligentes.

> La mano negligente empobrece, mas la mano de los diligentes enriquece. El que recoge en el verano es hombre entendido; el que duerme en el tiempo de la siega es hijo que avergüenza.
>
> —PROVERBIOS 10:4–5

Los escogidos son diligentes y sabios; conocen los tiempos y las épocas. Saben cuándo es tiempo de reunirse y cuando es tiempo de descansar. Su sabiduría, en combinación con el trabajo arduo, trae riqueza y abundancia para sus vidas.

> La mano de los diligentes señoreará; mas la negligencia será tributaria.
>
> —PROVERBIOS 12:24

La diligencia abre las puertas del liderazgo. Los diligentes son líderes. Su trabajo les ha comprobado ser confiables, fidedignos, competentes y conocedores. No siempre estarán en posición de seguir órdenes. Su diligencia les conduce a ascensos y prominencia. Los buscarán para pedir ayuda, dirección y guía. Su fe les permitirá ser quienes gobiernen. Jesús les dijo: "Porque al que tiene, le será dado, y tendrá más; y al que no tiene, aun lo que tiene le será quitado" (Mt. 25:21).

Si vamos a ser personas que vive en el tiempo de Dios, debemos pedir al Señor que nos dé un espíritu de diligencia. No podemos ser negligentes como los perezosos. Necesitamos orar: "Señor, enséñame cómo redimir el tiempo".

Tal vez Dios esté hablándole acerca de esto como lo hizo conmigo. ¿Cuánto tiempo pasamos viendo televisión? Algunas personas desperdician sus vidas viendo cinco o seis horas de televisión al día. Cuando entiende que tiene un propósito se prepara y posiblemente, la televisión se vuelve menos importante. Empieza a invertir su tiempo en desarrollar su don o en trabajar en la pasión y el deseo que Dios ha puesto en su corazón.

Aunque no quiero que se vuelva religioso en cuanto a ver televisión, sí quiero que considere el fuego que el deseo santo aviva en usted. Es posible que esté pensando en cuántas horas pasa enfrente de la televisión o navegando en su muro de Facebook y cómo pudiera usar ese tiempo al trabajar en su visión o preparación para la plataforma que Dios tiene para usted.

Me han preguntado cómo he podido escribir estos libros con mi programación de viajes y predicaciones. Bien, en ocasiones, tengo que quedarme en casa, aunque quiera salir. Así también, cuando salgo a predicar fuera, simplemente no salgo a conocer la ciudad. No. Me quedo en la habitación del hotel y durante el día escribo, escribo y escribo. Durante las noches, predico. Durante un tiempo, esa es mi vida porque sé que tengo un tiempo establecido en el que Dios me traerá a la plenitud de mi llamado.

Nuestro deber es permitir a Dios que nos muestre cómo priorizar. ¿Cuál es su prioridad? Siga trabajando en su visión. No pierda tiempo haciendo cosas que no son productivas para usted.

2. Mantenga la actitud adecuada.

Con tal de ser una interrupción para usted, el enemigo usará las ofensas y el rechazo para provocar que pierda o malgaste el tiempo. Que su deseo sea siempre mantener la actitud adecuada y seguir positivo. No sea del tipo de persona que siempre está preocupado. La preocupación le provocará distraerse de su visión. La ofensa detiene el impulso en su vida. El rechazo le conduce a la ira, amargura y falta de perdón, lo que le provoca desperdiciar el tiempo de Dios en su vida. Existen distracciones que vienen del enemigo, por eso, asegúrese de mantener su corazón libre y puro. La Biblia dice: "Bienaventurados los de limpio corazón, porque ellos verán a Dios" (Mt. 5:8). Y los escogidos siempre deben mantener sus ojos en Dios.

Dios nos refina por medio de la vida diaria y nuestras situaciones. Él sana nuestras ofensas y nos lleva a lugares donde podemos tomar impulso. Necesitamos asegurarnos de estar en un lugar donde podemos tomar ese impulso, avanzar con Dios y no quedar estancados. Nuestro deseo es vivir progresivamente y la forma en que lo logramos es cuando sincronizamos nuestras vidas con el reloj celestial. Queremos estar en el lugar correcto en el tiempo correcto, hacer lo correcto con las personas correctas.

3. Cada día, pida a Dios que le dé su misión.

Su unción aumentará cuando tenga clara su misión. ¿Qué le ha encomendado Dios que haga? ¿Le ha pedido que sea voluntario en un ministerio infantil? ¿Le ha pedido que sea parte del ministerio de oración? ¿Dónde lo asignó Dios? ¿Le ha pedido que sea maestro de escuela dominical?

Dios es muy estratégico. Él es Dios de ciclos, épocas y tiempo. Él lo pondrá en un lugar donde pueda recibir capacitación. En ocasiones, usted querrá avanzar y estar al frente de miles de personas, pero no podrá ser por no haber recibido la capacitación para esa gran plataforma. Esa es la razón por la que, en esos días, necesitará preguntarle a Dios: "¿Cuál es mi misión hoy? ¿Qué puedo hacer hoy para servir a tus propósitos en la tierra y a los propósitos más importantes para los que me estás preparando?"

Todos los días pregunte a Dios cuál es su misión para que cada dimensión de su vida se sincronice con el tiempo de Dios.

4. Haga lo que Dios le designe.

Una vez escuchamos cuál es la misión que Dios tiene para nosotros, el siguiente paso es hacer la misión que nos ha designado. Necesitamos poner en práctica lo que hemos escuchado. Si Dios le ha dado instrucciones y usted no las ha seguido, usted perderá el tiempo de Dios. Obedecer la instrucción de Dios es la clave para estar en el tiempo y lugar designados. ¿Cuántas personas han recibido la misma profecía una y otra vez y no han hecho nada con ella? ¿Cuál es el testimonio de su vida? ¿Están avanzando? ¿Se quejan por estar estancados?

Cuando obedece a Dios, usted mismo se programa en el tiempo de Dios. Permanece en el tiempo de Dios cuando lo obedece. Si en algún momento se siente fuera de tiempo, pídale a Dios que le recuerde lo último que le dijo. Luego, haga eso mismo. Entonces, él le permitirá avanzar a la fase siguiente. Aunque algunas de las cosas que Dios nos pide hacer son más difíciles que otras, el proceso es simple. Buscarlo para recibir su misión, escuchar lo que dice y hacerlo. Deje de perder el tiempo. Entre al ciclo de Dios por medio de la obediencia y empezará a entender las diferentes épocas en su vida.

En mi libro *La unción de Débora,* hablo acerca de las épocas de Dios. En nuestras vidas tenemos épocas, así como la tierra tiene sus estaciones naturales: invierno, primavera, verano y otoño. Puede preguntarle al Señor en qué época se encuentra. ¿Está en primavera? ¿Otoño? Quiero que tenga este libro y su guía de estudio para que pueda aprender los principios del tiempo.

Comprender la época de vida en la que está es importante porque cuando recibe una palabra profética, tendrá idea de cuándo se manifestará la palabra. Podrá discernir si la palabra que recibió es "ahora mismo" o si es una palabra que pasará en la plenitud del tiempo, en una época posterior, un tiempo futuro. Existe algo que se llama preparación. Existe algo que se llama obediencia. No cada palabra que escucha aplicará al tiempo presente. A medida que oramos, Dios sincronizará nuestras vidas con el reloj celestial y conoceremos lo que está en la agenda y programación de Dios.

Dios tiene comisiones para usted y si usted no camina a su ritmo, podría perder el tiempo de Dios., Necesitamos aprender una buena gestión del tiempo. Necesitamos aprender cómo manejar nuestras vidas. Una de mis oraciones más importantes es: "Señor, ayúdame a hacer lo que Tú me has llamado a hacer. Mi anhelo es usar mi tiempo para glorificarte".

Existe un tiempo para ministrar y un tiempo para que la familia sea una prioridad

Los escogidos aman a Dios. Aman su presencia. Aman la casa de Dios y si pudieran, pasarían su tiempo sirviendo y pidiendo consejo en su templo cada hora de cada día, pero sus vidas no solo se tratan de eso. Los escogidos son llamados a darle prioridad a los aspectos de sus vidas dependiendo de la época en que Dios los coloque. ¿Sabe que glorifica al Señor el hecho de que un esposo y una esposa pasen tiempo juntos? A Dios lo glorifica el tiempo que usted pasa con sus hijos.

A mis hijos espirituales que son padres les digo que, aunque todos somos apóstoles, profetas, además de que amamos a Dios y tenemos nuestras misiones, vamos a tener tiempo para criar a nuestros hijos. Dentro del plan de Dios no está que sacrifiquemos a nuestros hijos en el altar del ministerio. Nuestros hijos solo están con nosotros por dieciocho años y el tiempo avanza muy rápido. Por ello, deberíamos usar ese tiempo para tenemos como nuestra principal prioridad. Cuando nuestros hijos crezcan y empiecen sus propias vidas, Dios nos abrirá la puerta para que nuestra prioridad sea el servicio al ministerio y al reino.

Mi testimonio es este: Mantuve a mi hija, Eboni, a mi lado cuando ella era una niña. La cargaba mientras predicaba y la tenía en la sala de oración conmigo cuando oraba. Ella era mi prioridad e incluso cuando servía, actúe de la forma que necesitaba para prepararla. Lo siguiente que ustedes ya saben, es que en cuanto ella salió para la universidad, las puertas se abrieron de par en par al mundo. Empecé a viajar todos los fines de semana y desde entonces, no me he detenido. Si usted es un padre que lee este libro ahora, sepa que conforme usted aparte tiempo para preparar a sus hijos para tener vidas agradables y piadosas durante esta época de su vida, Dios abrirá las puertas para la siguiente época. Todo lo que se quiere debajo del cielo tiene su hora y época.

Muchas cosas que parecieran ser santas nos hacen perder tiempo. Sin embargo, también hay cosas de Dios, como la familia, que en ocasiones podemos percibir como una distracción. Por eso debemos orar, para saber los tiempos y las épocas de nuestras vidas y así podamos estar sintonizados en la programación de Dios. No queremos quedar atrás ni adelantarnos a Dios. Para cumplir con nuestros destinos, debemos estar en el lugar preciso en el momento justo. Por ello, oremos para que Dios pueda hacer en nosotros hombres y mujeres de precisión que puedan entender que Él tiene un tiempo y una época para todo.

Cómo romper con el espíritu del retraso

El Señor dice que Él está rompiendo el espíritu del retraso y liberando estrategias, incluso en nuestros sueños, para acelerar nuestro avance. Si alguna parte de nuestras vidas no está alineada con la programación de Dios, Él libera una unción para quebrantar todo espíritu que esté retrasando nuestras vidas. Cuando permanecemos conectado con Él, siguiendo de cerca el camino e inclinando nuestros oídos a su voz, Él nos honra al acelerar nuestros pasos en el momento preciso para llevarnos a la posición donde deberíamos estar.

Cualquier intento del enemigo para retrasar nuestro avance se verá revertido y su pérdida de tiempo será redimida. El Señor dice que el diablo puede haber tratado de atacarlo, pero no puede detenerlo cuando la mano de Dios está sobre su vida. La única persona que puede detenerlo de cumplir su destino es usted. Esta es la razón por la que es importante que haga lo que hizo David: fortalézcase usted mismo en el Señor y desarrolle en usted su máxima fe santa. Manténgase atento a escuchar cuando Dios está conformando una aceleración del tiempo para usted.

Estamos en una época en la que Dios nos mueve hacia adelante. Está liberando un viento oriental, el mismo viento que Dios usó para abrir el mar Rojo (Éxodo 14:21); Dios dice que ese viento oriental es el que está soplando. Los mares de conflictos que se conforman para retrasar su progreso y para hacerle perder el tiempo se regresan para que usted pueda atravesar en un suelo seco y estable.

Tome estos decretos y confiéselos sobre su vida. Sin importar cuándo haya experimentado retrasos o interrupciones,

Dios, en su tiempo, va a romper con el poder de estos dilemas sobre su propósito para cumplir el plan de Dios para su vida.

> *Quebranto el espíritu y la misión de retrasarme que ha surgido contra mi vida en este tiempo, en el nombre de Jesús. Señor, quiero hacer todo lo que tú has encomendado a mi vida. Padre, permite que el espíritu de sabiduría y revelación se libere en mi vida.*
>
> *Señor, decreto que camino en sincronización total con el tiempo del reloj celestial. Me libero de los espíritus que quieren retrasar mi tiempo.*
>
> *Dios, decreto un avance acelerado en mi vida. Ya no me quedaré detrás, tampoco me adelantaré a ti.*
>
> *Señor, decreto que estaré en el lugar correcto, en el momento correcto, con las personas correctas, haciendo lo correcto. Haré los enlaces correctos y cancelo la misión de todo aquel que haya sido encomendado en mi contra para retrasarme de la vía de Dios, para desviarme de la ruta de Dios y del camino de Dios.*
>
> *Dios, elimina todo aquello y toda persona y relación que tenga la misión de sabotear el tiempo de Dios. Elimina todo lo que se haya enviado para mantenerme caminando alrededor de la montaña. Decreto que no seré como los hijos de Israel que caminaron en círculos en la maleza. En lugar de ello, seré uno de aquellos que entraron y voy a poseer los bienes y la tierra que me prometiste.*

Padre, decreto ahora mismo que a medida que acepto la misión que tienes para mi vida, mi porción será la sintonía divina.

Así como Ester entró en el momento establecido, Padre, yo decreto que entro en el tiempo establecido a mi favor. Permite que venga un tiempo establecido favorable. Padre, permíteme encontrar tu favor. Permita que el tiempo establecido del Señor se libere.

Decreto que no desperdiciaré el tiempo. El precioso regalo que nos has dado es tu tiempo. No malgastaré el don de tu tiempo. Maximizaré cada momento para los propósitos del Señor.

Señor, tienes la puerta abierta para eliminar todo lo que pudiera dañar tus propósitos en mi vida. Quita de mi camino a las personas o cosas que serán obstáculo para mi vida. Acércame a personas que me impulsarán hacia tus propósitos. Envíame instructores y mentores que tengan palabras de sabiduría e instrucción en la debida época en mi vida. Amén.

A medida que meditaba en estos decretos el Señor me decía: "Michelle, dile a mi pueblo que le época de aceleración que les traeré no se trata de perseguir su sueño ni de permanecer despiertos hasta que reciban el llamado". No se trata de tener un éxito enorme. El objetivo final de la vida es glorificarme".

El corazón de los escogidos se enfoca en llevar la gloria a Dios. Seremos un pueblo que glorifique a Dios, incluso en nuestro tiempo. Cuando vive para glorificar a Dios, todo se alinea. Dios honra a la persona que es conforme a su corazón. Así como Dios dijo que David era un hombre conforme a su corazón, ahora mismo decreto que usted puede ser una persona conforme al corazón de Dios. Decreto que todo lo que usted hace está en sintonía con su misión.

Capítulo 4

ESCOGIDOS PARA ANDAR POR EL ESPÍRITU

"Si vivimos por el Espíritu, andemos también por el Espíritu".
—GÁLATAS 5:25

¿SE DA CUENTA de que podemos saber la verdad acerca de nuestro futuro? Dios dice: "Porque yo sé los pensamientos que tengo acerca de vosotros, dice Jehová, pensamientos de paz, y no de mal, para daros el fin que esperáis" (Jer. 29:11). Podemos saber estos planes al estar sintonizados con el Espíritu de Dios.

Hemos hablado acerca de lo que significa ser escogidos y vivir en la dimensión donde lo natural se encuentra con lo sobrenatural. Hemos hablado acerca de cómo llegar al camino correcto para caminar en nuestro propósito y destino de escogidos. También hemos hablado sobre cómo sintonizar nuestra programación de escogidos para ser precisos en donde Dios quiere que estemos, dentro de su tiempo establecido. Ahora veremos que nuestro deber es caminar según el Espíritu de Dios para que todas estas cosas nos sean añadidas.

Como mencioné, Dios, quien es omnipresente, puede estar en nuestro futuro y en nuestro presente al mismo tiempo, trayéndonos revelación que necesitamos para florecer en nuestra misión actual. Bien, podemos imitar su ejemplo al tomarnos del Espíritu Santo para escuchar lo que Él dice relaciona con nuestro futuro. Es maravilloso, ¿no es así?

El diablo quiere hacernos pensar que nuestro futuro no es tan brillante y que no hay esperanza en el Señor, pero Dios dice lo contrario. Dios dice que lo mejor está por venir. Él dice que, como su escogido, usted tiene un futuro maravilloso porque usted habita en la presencia de Dios y en su presencia hay plenitud de gozo por la eternidad.

Entonces dígame, ¿cuál de las dos declaraciones creerá?

Para escuchar lo que Dios está diciendo y haciendo en estos momentos, debemos estar sintonizados con su Espíritu. Tenemos que andar por su Espíritu. En ocasiones, nos limitamos en esta área. Acercamos nuestra vida a Dios desde el pensamiento de que somos seres naturales tratando de tener acceso a lo espiritual. La verdad es que somos seres espirituales con experiencias naturales. Podemos existir en la dimensión sobrenatural o espiritual, tan fácil como existimos en la dimensión natural. Desafortunadamente, nuestra perspectiva ha sido tergiversada como resultado de la maldición. Pero hemos recibido la redención y Dios está trabajando para darnos una restauración total para que podamos vivir nuestros destinos sobrenaturales.

Siempre que enfrente la realidad de que primero soy sobrenatural, nuevamente veo cuán importante es para mí mantener aquello que me importa, en las cosas de arriba.

> "Poned la mira en las cosas de arriba, no en las de la tierra"
>
> —Colosenses 3:2

Según Colosenses 3:2, *lo que importa* es sinónimo de mente, intereses, asuntos, sentimientos, pensamientos, perspectiva y puntos de vista.[1] Las cosas de arriba con las cosas celestiales, lo que es piadoso o recto. "Arriba" es el lugar donde nuestras mentes no han sido acarreadas por la pesada carga de los afanes de este mundo. Las cosas de arriba son "por lo demás, hermanos, todo lo que es verdadero, todo lo honesto, todo lo justo, todo lo puro, todo lo amable, todo lo que es de buen nombre; si hay virtud alguna, si algo digno de alabanza, en esto pensad" (Flp. 4:8).

Este lugar en el Espíritu es donde tenemos la actitud adecuada para recibir las estrategias que Dios nos enseñará acerca de cómo presionar en nuestro futuro. Él quiere despertarnos a nuestro destino y no solo despertarnos sino también impulsarnos a ese lugar con gran fuerza.

De Espíritu a espíritu

En 1 Corintios 2:14 leemos: "Pero el hombre natural no percibe las cosas que son del Espíritu de Dios, porque para él son locura, y no las puede entender, porque se han de discernir espiritualmente". Para los escogidos es importante caminar por el Espíritu para que podamos discernir lo que Dios nos dice.

Nuestra carne tratará de alejarnos de caminar en el Espíritu porque por naturaleza se opone a Dios y a su voluntad en nuestras vidas. No podemos caminar, al mismo tiempo, según nuestra carne y sus deseos, y según el Espíritu. Nuestra carne está centrada en la carne. Su único deseo es satisfacer y preservarse a sí misma. No se relaciona con lo que es de Dios. Ahí vemos la razón por qué construimos nuestro hombre espiritual, es para que nuestra carne esté sometida al espíritu, en lugar de a sí misma. Cuando nuestro espíritu está fortalecido, esta es la parte de nuestra conformación que nos enlaza directamente con el Espíritu de Dios. La conexión entre nuestro espíritu y el Espíritu de Dios que nos permite avanzar en el camino de vida se ha establecido al ritmo de Dios.

Ser lleno con el Espíritu de Dios es el primer paso para caminar por el Espíritu. Viene por medio de una experiencia sobrenatural con Dios. He escuchado historias de personas que han estado en profunda oración e intercesión (solos Dios y ellos) y han sentido una sensación que les consume dentro, como si el poder y la gloria de Dios descendiera en la habitación. Algunas personas dicen no podían hacer más que llorar por la magnitud de ese momento. Otros han hablado en lenguas por primera vez. La llenura del Espíritu también puede darse al posar las manos sobre alguien, como la Biblia lo muestra en Hechos 8:14–16. En la mayoría de ocasiones, viene acompañado con el don de lenguas o un idioma celestial o desconocido, como evidencia de la llenura.

Cuando recibimos la llenura del Espíritu Santo, somo "investidos de poder desde lo alto" (Lucas 24:49). La palabra *investido* significa "sumergirse" a "ponerse" o "estar arropado".[2] Cuando el Espíritu Santo nos llena, nos "sumergimos" en el poder de Dios. Nos investimos en su poder cuando somos llenados por el Espíritu Santo. Los problemas y las pruebas diarias no nos afectas de la misma forma porque tenemos el poder de Dios ardiendo en nuestro interior. El hombre espiritual es fuerte y en lugares donde nuestra carne solía controlarnos ahora decimos: "que no se haga mi voluntad, sino la tuya". En la vida de los escogidos que han recibido la llenura del Espíritu y caminan por el Espíritu, Dios es primero.

Beneficios de andar por el Espíritu

Existen muchos beneficios que los escogidos viven al andar de acuerdo con Espíritu de Dios. No pueden imaginar la vida sin el Espíritu. Han vivido por sus propios medios y han pasado por ciclos de fracaso, carencia y derrota. A través de estas dificultades han aprendido del carácter de Dios y a confiar en Él con todo su ser. Como escogido, estos son los beneficios que usted tendrá a medida que camine por el Espíritu.

El Espíritu es su guía en el camino de vida

Juan 16:13 dice: "Pero cuando venga el Espíritu de verdad, él os guiará a toda la verdad; porque no hablará por *su propia cuenta*, sino que hablará todo lo que oyere, y os hará saber las cosas que habrán de venir".

El Espíritu da la fuerza para vivir en rectitud

Con el Espíritu de Dios dirigiendo nuestras vidas, tenemos el poder de vencer a nuestra carne (Gl. 3:13; 5:25), como ya mencioné anteriormente, también a la lujuria de la carne, de los ojos y el orgullo de la vida (1 Juan 2:16), acciones que están contra el plan de Dios para nuestras vidas.

Conforme el Espíritu nos va llenando y caminamos con Él, Dios dice: "Os daré corazón nuevo, y pondré espíritu nuevo dentro de vosotros; y quitaré de vuestra carne el corazón de piedra, y os daré un corazón de carne. Y pondré dentro de vosotros mi Espíritu, y haré que andéis en mis estatutos, y guardéis mis preceptos, y los pongáis por obra" (Ez. 36:26–27).

Pero fiel es Dios, que no os dejará ser tentados más de lo que podéis resistir, sino que dará también juntamente con la tentación la salida, para que podáis soportar (Ec. 10:13).

El Espíritu nos enseña

Jesús dijo: "Mas el Consolador, el Espíritu Santo, a quien el Padre enviará en mi nombre, él os enseñará todas las cosas, y os recordará todo lo que yo os he dicho" (Juan 14:26). El Espíritu Santo nos ayuda a entender la Escritura. Nos da revelación sobre ciertas verdades, principios y realidades para que podamos discernir la voluntad de Dios y tomar decisiones sabias. En ocasiones, se le llama el Espíritu de verdad que da testimonio acerca de Jesucristo (Juan 15:26). La verdad ilumina la oscuridad y la equivocación. El Espíritu Santo nos enseña la diferencia entre verdad y equivocación y nos ayuda a mantener fe en la persona de Cristo.

El Espíritu es su compañero de oración.

Romanos 8:26–27 dice: "Y de igual manera el Espíritu nos ayuda en nuestra debilidad; pues qué hemos de pedir como conviene, no lo sabemos, pero el Espíritu mismo intercede por nosotros con gemidos indecibles. Mas el que escudriña los corazones sabe cuál es la intención del Espíritu, porque conforme a la voluntad de Dios intercede por los santos".

El Espíritu nos conforta.

La Versión Amplificada de la Biblia (Edición Clásica en inglés) llama al Espíritu Santo el "Confortador (consejero, ayudador, intercesor, abogado, fortalecedor y guardador)".

El Espíritu mantiene una vida llena de emoción

Nunca se sabe de las puertas que abrirá el Espíritu Santo para usted o las razones por las que lo dirigió a través de experiencias específicas, sino es hasta que un día lo llama al ministerio, a servir, a dar paso a esas experiencias. La Biblia nos habla de Pablo (2 Co. 12:1–5), Felipe (Hechos 8:26–40), Juan (Ap. 4:1–6) y otros que fueron tomados por el Espíritu y llevados a otra ubicación geográfica. Conozco a profetas de los días modernos que experimentan esto en la actualidad, en sueños o en visiones y en la realidad física. No saber a dónde nos llevará Dios de un momento a otro es emocionante para sus escogidos. Sus vidas están sometidas a su voluntad. Sus corazones permanecen listos siempre y dicen: "Envíame, Señor, yo iré".

El Espíritu derrama su unción para operar dones específicos.

Existen dieciocho dones del Espíritu que se mencionan en Romanos 12, 1 Corintios 12 y Efesios 4. Estos dones funcionan para aquellos que creen "Jesús es [mi] Señor", y aquellos que están "bajo el poder y la influencia del Espíritu Santo" (1 Co. 12:3) El Espíritu da a los creyentes estos "dones, poderes extraordinarios que distinguen a ciertos cristianos por el poder de la gracia divina que opera en sus almas por el Espíritu Santo" (v. 4).

Estos dones se consideran una manifestación del Espíritu Santo que se vuelve activa en una vida y se dan por el bien común y provecho de todos (v. 7). Nos permiten ayudar a otros más allá de nuestra simple capacidad humana (v. 7). Cuando los dones del Espíritu están en funcionamiento, las personas se sienten con bendición, sanidad, libertad y con revelación y claridad para sus vidas. Algunas personas son salvas porque han sido testigos de la manifestación de los dones del Espíritu.

Los escogidos viven de forma natural con los dones. Existen en una dimensión donde los dones están y pertenecen al arsenal de recursos de una vida del reino.

El Espíritu es nuestro consolador.

A medida que Jesús iba preparando a sus discípulos para su regreso al cielo, les dijo: "Y yo rogaré al Padre, y os dará otro Consolador, para que esté con vosotros para siempre" (Juan 14:16). El Espíritu nos ayuda de tantas maneras como las que he mencionado, pero también nos ayuda en nuestra debilidad.

Romanos 8:25–26 dice: "Pero si esperamos lo que no vemos, con paciencia lo aguardamos. Y de igual manera el Espíritu nos ayuda en nuestra debilidad". El versículo 26 de este pasaje se relaciona frecuentemente con la oración. El Señor le mostraba a Pablo (quien escribió Romanos) que no es lo único que entendemos aquí. La frase *y de igual manera* nos enlaza al versículo anterior que dice: "Pero si esperamos lo que no vemos…"

Hay ocasiones cuando quizás oramos y oramos por algo y no vemos que se haga realidad en el tiempo que pensamos que debería darse. Escribí sobre Ana en otro de mis libros. Su esperanza de tener un hijo se había aplazado. Estaba descorazonada. Se dice que cuando ella fue al templo, oraba tan fervientemente que llamó la atención del sacerdote, quien pensó que estaba ebria, ella oraba en el Espíritu en una lengua desconocida.

Podríamos discutir de si el Espíritu Santo se presentaba de esa forma en ese tiempo, o podemos ver que Dios envió su Espíritu para ayudarla en su debilidad. Ella no comía. Tenía amargura en su corazón. Había sido objeto de provocaciones crueles por parte de la otra esposa fértil. Había venido al templo y había orado año tras año, sin recibir respuesta. A pesar de que sabía a quién dirigir sus peticiones y quizás tenía el conocimiento de que tener un hijo era la voluntad de Dios para su vida, ella seguía sin tener la respuesta que esperaba. Sin embargo, permaneció firme en esa esperanza que no veía y el Espíritu Santo la fortaleció.

Cuando somos débiles con nuestra esperanza y fe hacia las promesas de Dios que no se han manifestado en nuestras vidas, el Espíritu Santo nos ayuda. Restaura nuestras almas y nos ayuda a esperar con paciencia.

> "Aguarda a Jehová; esfuérzate, y aliéntese tu corazón; sí, espera a Jehová".
>
> —Salmos 27:14

El Espíritu Santo es una fuerza de poder sobrenatural que se convierte en el permanente "Yo Soy" en las vidas del pueblo de Dios. Ya he mostrado las muchas formas en las que podemos beneficiarnos de andar en el Espíritu. El poder del Espíritu Santo no solo se reserva para alzar la voz y danzar el domingo por la mañana. No. Vive de forma activa dentro de nosotros cuando participamos activamente en Él, cuando lo llamamos, cuando promovemos los dones que hay en nosotros, obedecemos su voz, seguimos su guía y aplicamos a nuestra vida diaria las verdades que Él nos ha revelado. Su poder está disponible en nosotros en toda forma en que lo necesitamos para caminar en la vida apartada como sus escogidos.

Impulsados hacia el propósito

Caminar por el Espíritu lo ayuda a ser victorioso en la vida. Conforme crezca en sus dones y capacidad de escuchar cuando el Espíritu dice que vaya aquí o allá, que diga esto o aquello, podrá ver cuál es la realidad de vivir en las dos dimensiones abiertas para usted, la natural y la sobrenatural. Nuevamente, estos son los días cuando el Espíritu de Dios está dejando ver sus misterios a los escogidos, para que así podamos manifestar su gloria en la tierra. Su deseo para usted es que prospere y camine plenamente en su propósito. Si no lo hace, no podrá testificar de su existencia. Él tiene que hacerlo victorioso, debe darle poder para tener riqueza y debe dar gracia y bendición sobre su vida.

Pienso en el momento que relata 1 Samuel 30:8, cuando David había perdido todo, su esposa, hijos, las esposas e hijos de sus hombres y todas sus posesiones ante unos merodeadores. David le preguntó al Señor: "¿Perseguiré a estos merodeadores?". Y él le dijo: "Síguelos, porque ciertamente los alcanzarás, y de cierto librarás a los cautivos". Dios le estaba diciendo: "Sí, David. Ve. Ganarás la batalla y recuperarás todo lo que les quitaron".

Puede ser que esté en una época en la que está viendo la devastación de todo lo que le ha sido quitado. Tal siente como que la situación de su hogar, finanzas o el fundamento personal ha sido abrasado por el enemigo. Esto es lo que quiero que entienda acerca de su futuro: usted es victorioso. Según vaya caminando por el Espíritu, será Él quien le garantice que, aunque venga el enemigo a robar, matar y destruir y aunque quiera lanzar ataques o dardos feroces, ninguna de sus tácticas o sus armas prosperará. Usted es un escogido. "Ciertamente los alcanzarás, y de cierto librarás a los cautivos".

Sin importar lo negativo que el diablo diga acerca de su futuro, que no logrará lo que Dios ha puesto en su corazón hacer o que haya perdido todo y pareciera que no hay esperanza, usted sabe que él es un mentiroso. Usted entiende su pacto con el Señor Jesucristo, que será su voluntad que usted prospere y goce de buena salud a medida que su alma prospera. Ahora bien, con lo que usted está lidiando no es realidad, son sus sentimientos. Al diablo le encanta atacarnos con sentimientos de fracaso, sentimientos de que no lo lograremos.

Algunos de los que leen este libro ahora están en un lugar específico en su vida y posiblemente, hay cosas que pensaron que podrían haber pasado a este punto, pero no se han dado. Dios va a permitir que venga unción sobre su vida, y recibirá el poder y la gracia para rebasar a sus enemigos y lograr aquello que Dios ha ordenado para usted. La palabra *alcanzar* significa adelantarse con gran fuerza. Creo que el espíritu de búsqueda que se mueve adentro de usted, vendrá acompañado de una fuerza espiritual que lo hará imparable. Esta gracia sobrenatural nos impulsará a nuestro futuro, pero tenemos que buscar lo que Él dijo que podríamos recuperar. La palabra *buscar* significa ir detrás de algo con gran intensidad.

Cuando Dios le dijo a David que buscara y alcanzara, esa palabra *alcanzar* significa "alcanzar", "adueñarse", "lograr", "capaz de asegurar".[3] En mi mente, también veo su significado como estar preparado con anticipación; correr al lado, pero impulsar con anticipación. Creo que Dios está dando una gran aceleración a nuestras vidas. Hablamos de esto en el capítulo anterior. Sin importar lo que Dios le haya comisionado a hacer, usted será el mejor en ello porque usted camina en su Espíritu.

Dios dijo: "Síguelos, porque ciertamente los alcanzarás, y de cierto librarás a los cautivos". ¿Sabía que esta es una promesa de Dios? Es un juramento. Dios dice: "No temas de tu futuro. No temas de lo que he puesto en tu corazón porque lo vas a hacer. Vas a seguir, alcanzar y recuperar todo".

Dios promete que este será tu futuro. Usted es un ganador. Usted tendrá victoria. Usted tiene lo que se necesita para tomar su puesto en la batalla y recuperar todos los despojos. Dios quiere bendecirlo en esta manera. Porque este es su propósito santo. Lo diseñó para ser fructífero, para multiplicar, para someter la tierra. Dios quiere que tome señorío; sin embargo, no puede tomar ese señorío sin haber prosperado. Por ello, Dios nos dice en esta hora: "Lo que sea que el enemigo haya tratado quitarte, voy a liberar una fuerza espiritual que te impulsará a un futuro donde podrás recuperarlo todo".

La verdad acerca de su futuro es que es bueno. No importa lo que el espíritu de desesperanza y rechazo trata de mostrarle. Dios dijo: "Dile a mi pueblo que la verdad acerca de su futuro es que yo los bendigo". Selah.

Inclínese en el Espíritu y haga realidad lo imposible

Dios había liberado a los hijos de Israel de la esclavitud en Egipto. Habían logrado salir de Egipto y hasta ese momento, habían aventajado con éxito al Faraón y a su ejército. Moisés era su líder, habían visto señales y maravillas, y contaban con la protección de Dios sobre ellos. Pero en Éxodo 14 vemos que llegaron un punto sin retorno y no tenían a dónde más correr; tenían el mar Rojo enfrente y al ejército del Faraón detrás de ellos. El pueblo tenía miedo y se quejaban con Moisés: "¿No había sepulcros en Egipto, que nos has sacado para que muramos en el desierto? ¿Por qué has hecho así con nosotros, que nos has sacado de Egipto? ¿No es esto lo que te hablamos en Egipto, diciendo: Déjanos servir a los egipcios? Porque mejor nos fuera servir a los egipcios, que morir nosotros en el desierto" (v. 11–12).

Moisés los animó y con la fe de un escogido, dijo: "No temáis. No temáis; estad firmes, y ved la salvación que Jehová, hará hoy con vosotros, porque los egipcios que hoy habéis visto, nunca más para siempre los veréis. Jehová peleará por vosotros, y vosotros estaréis tranquilos" (v. 13–14).

En realidad, Moisés no podía hacer nada al respecto. Estaban enfrentando una muerte repentina. Esta situación era imposible. Conocía sus limitaciones, incluso cuando había experimentado el poder ilimitado de Dios a través de éxodo,

Moisés buscó a Dios y Él dijo: "Di a los hijos de Israel que marchen. Y tú alza tu vara, y extiende tu mano sobre el mar, y divídelo, y entren los hijos de Israel por en medio del mar, en seco" (Ex. 14:15–16). Y así fue. Lo imposible se volvió posible al dotar el poder del Espíritu Santo sobre Moisés.

En ocasiones, pareciera que no puede avanzar en algo o lograr lo que quiere. En la dimensión natural, no hay nada que pueda hacer excepto aferrarse a Dios. Esto requiere que se doblegue ante el Espíritu de Dios. La vara en el ejemplo de Moisés representa su boca. Tiene que extender su vara. Debe abrir su boca y declarar lo que sepa que Dios le ha mandado a hacer.

Por su Espíritu, Dios mostró al profeta Ezequiel en un escenario imposible. Ezequiel 37 nos lo cuenta.

> "La mano de JEHOVÁ vino sobre mí, y me llevó en el Espíritu de JEHOVÁ, y me puso en medio de un valle que estaba lleno de huesos. Y me hizo pasar cerca de ellos por todo en derredor; y he aquí que eran muchísimos sobre la faz del campo, y por cierto secos en gran manera".
>
> —EZEQUIEL 37:1–2

Luego, en los versículos 4 y 5 dice: "Me dijo entonces: Profetiza sobre estos huesos, y diles: Huesos secos, oíd palabra de JEHOVÁ. Así ha dicho JEHOVÁ el Señor a estos huesos: He aquí, yo hago entrar espíritu en vosotros, y viviréis".

Sí, Dios le dijo que les profetizara. Ahora bien, algunos de ustedes podrían decir: "Profetisa, yo no soy profeta". Y, claro está, no todos los escogidos de Dios son llamados al ministerio profético. Aun así, necesitamos ser proféticos. Todavía necesitamos aprender cómo la dimensión profética es un don espiritual que Dios ha dado a todos los que reciben la llenura del Espíritu Santo. Todas las personas que son parte del plan de redención de Dios deberían poder escuchar la voz de Dios y obedecer lo que les dice que hablen o hagan. Fue Jesús quien pagó en la cruz. La profecía es una de las cuatro armas espirituales.

Si está leyendo este libro, ya ha sido partícipe de la profecía. Quizás haya recibido algunas palabras proféticas acerca de su propósito. Necesita declararlas sobre su vida. Necesita recibir la promesa de Dios para su vida y empezar a profetizarla. Los propósitos de Dios empezarán a suceder y todo empezará a alinearse cuando empiece a declararlas. No importa cómo se ve en el reino natural. Tiene que hablar lo que Dios ha dicho sobre usted. Tiene que declarar la palabra de Dios. Algunos de nosotros, profetas y apóstoles, profetizamos todo el tiempo y en ocasiones, profetizamos de forma automática. Nos hemos vuelto muy habituales con la profecía. Lo que sí he de decir, es que viene una unción en la que Dios nos llama a alzar nuestras voces y profecías para decretar aquello que será establecido (Job 22:28).

La verdad acerca de su futuro está en su boca. Usted tiene que crearlo. Usted tiene que hablarlo. Usted tiene que declararlo. Cuando Ezequiel obedeció y declaró la palabra del Señor en su vida se empezó a dar un movimiento. Cuando usted empieza a hacer declaraciones se empiezan a dar movimientos en el reino espiritual, incluso antes que en el reino natural. Esta es la razón por la que caminar en el Espíritu es importante para los escogidos, porque no puede caminar por vista. Debe caminar por fe. No puede distraerse por lo que sucede a su alrededor y luego tratar de hablar. Vea su situación con ojos de fe para que, en lugar de maldecir, profetice sobre ella. No maldiga su crisis. No maldiga su desesperación. Empiece a hablar lo que Dios ha dicho. Declare su palabra.

Eso es parte de ser un creyente. Ese es el privilegio:

somos hechos a la imagen de Dios y tenemos que decir lo que Dios nos pide que hablemos. Exponga sus profecías, si las ha guardado por escrito en algún lado, empiece a declararlas. Si cree que la palabra profética es cierta, declárela sobre las áreas secas de su vida y en realidad, verá cómo los tendones y la carne empiezan a surgir de esos huesos, piel los cubrirá y al respirar cobrarán vida y se levantarán sobre sus pies (Ez. 37:7–8).

Levántese y prospere por el Espíritu de Dios

> "Por tanto, profetiza, y diles: Así ha dicho Jehová el Señor: He aquí yo abro vuestros sepulcros, pueblo mío, y os haré subir de vuestras sepulturas, y os traeré a la tierra de Israel. Y sabréis que yo soy Jehová, cuando abra vuestros sepulcros, y os saque de vuestras sepulturas, pueblo mío. Y pondré mi Espíritu en vosotros, y viviréis, y os haré reposar sobre vuestra tierra; y sabréis que yo Jehová, hablé, y lo hice, dice Jehová".
>
> —Ezequiel 37:12–14

Dios dice que Él nos hará reposar en nuestra propia tierra. Tierra se refiere al lugar donde nos han dado dominio. Para empezar a prepararnos, nos provee de su Espíritu, luego, abre los sepulcros. Al abrir los sepulcros para nosotros en el Espíritu, Dios dice que Él abrirá toda aquella parte de nuestras vidas o espíritus que ha sido cerrada y enganchada.

Es posible que haya cerrado y bloqueado las emociones en donde no sabe cómo amar. Usted espera en su cónyuge. Usted espera tener una amistad, pero la razón verdadera de esas relaciones sigue siendo florecer porque usted es quien necesita que Dios abra los sepulcros de sus emociones. Por medio de su Espíritu, Él lo liberará de esos lienzos sepulcrales. Usted será libre para amar, libre para reír, libre para prosperar y libre para disfrutar la vida.

¡Viva este momento! No permita que el diablo le robe más. Tome la decisión de caminar en gozo, disfrutar su vida en el Señor para que él conceda los deseos de su corazón. Sin importar qué dice el diablo acerca del aislamiento, sin importar qué trate de decirle a través del rechazo, su futuro es brillante. Sus relaciones florecerán. Sus sueños se harán realidad. Dios quiere que sepa que Él tiene un futuro y una esperanza para usted.

Prepárese para subir a un nuevo nivel de gozo en su propia tierra, la que Dios le está dando. Hechos 17:26–28 dice que Dios ha prefijado el orden de los tiempos y los límites de nuestra habitación. Dios conoce dónde debería vivir. Él sabe cuánta tierra usted debería poseer. Sabe dónde debería establecer su empresa u organización. Él sabe las áreas geográficas que le ha asignado a usted y por medio de su Espíritu, Él permitirá que usted profetice su palabra sobre aquellas áreas que traerán fruto.

Cada persona tiene un área de tierra. Cada persona ha establecido sus límites. Dios los ha definido. Los suyos tal vez tengan diez, quince o dos acres. Sin importar cuál sea la medida que usa, Dios dice: "Voy a ponerte en tu propia tierra, la que tú gobernarás". Cada persona tiene un lugar en donde puede prosperar. Cada uno de nosotros tiene un lugar de dominio. No podemos permitir que el diablo nos aparte en un pequeño lugar cuando Dios nos tiene preparado un lugar con riquezas. La verdad acerca de su futuro es que Dios lo está llevando a un lugar con riquezas.

Podría sentirse como si hubiera pasado por muchas pruebas y ensayos, los cuales como resultado le han hecho perder demasiado. Pero este es el momento en que debe levantarse como un escogido y empezar un movimiento con el Espíritu de Dios. El Señor me ha dicho una y otra vez durante estos años que Él está rompiendo el espíritu de pobreza y está extrayendo la mentalidad de pobreza del cuerpo de Cristo. El propósito principal de la pobreza es detenerlo de hacer la voluntad de Dios, pero el Señor dijo que Él está liberando su Espíritu de sabiduría y poder para recibir independencia financiera.

Con independencia financiera puede obedecer a Dios al máximo. Si Dios le dice que construya una iglesia o que dé vida a una comunidad, tendrá la independencia financiera para obedecerlo. Dios está liberando una cantidad de riqueza y abundancia al cuerpo de Cristo que no tiene precedentes. La verdadera independencia financiera es cuando puede hacer lo que Dios le ha comisionado a hacer sin restricciones económicas. Esto es lo que quiero decir cuando hablo acerca de una fuerza espiritual. La prosperidad en las manos de los escogidos es una fuerza.

Nos han impulsado y empujado a un futuro brillante. Nuestra vida superará los puntos altos del resto de personas. Vamos a superar cada misión y a completar el trabajo que nos han enviado a hacer, no por dominio o por poder, sino por el Espíritu de Dios.

Dios nos restituirá "los años que comió la oruga, el saltón, el revoltón y la langosta, mi gran ejército que envié contra vosotros" (Joel 2:25). Al igual como lo hizo David, tiene que levantarse por el Espíritu de Dios y perseguir lo que es suyo. Será tanto lo que recuperará que tendrá que compartir.

Una de las pruebas más importantes en la que Dios nos conduce antes de liberar riqueza y abundancia es la de quebrantar el egoísmo. Aquellos que tienen un espíritu de egoísmo y piensan solo en "yo, yo y yo" solo tendrán una medida determinada, tal vez solo lo justo para cubrir sus necesidades inmediatas. No recibirán bendiciones en abundancia.

Sin embargo, los escogidos se reconocen por su bondad y generosidad. Este es el momento en que Dios abre cosas nuevas (edificios, propiedades, oportunidades, ascensos y equipo) para el pueblo escogido que tiene visiones con el fin de engrandecer su nombre, así como un corazón que aumente la cosecha y restaure la vida humana. Debe captar esa visión.

Capítulo 5

SALVACIÓN, SANIDAD Y LIBERACIÓN: CÓMO ABRIR LA PLENITUD DEL PLAN DE DIOS PARA SU VIDA

"Y los bendijo Dios, y les dijo: Fructificad y multiplicaos; llenad la tierra, y sojuzgadla, y señoread en los peces del mar, en las aves de los cielos, y en todas las bestias que se mueven sobre la tierra".
—GÉNESIS 1:28

PORQUE LA PAGA del pecado es muerte, mas la dádiva de Dios es vida eterna en Cristo Jesús Señor nuestro. (Ro. 6:23). Recibimos este obsequio gratuito como resultado de nuestra confesión de fe y aceptación de la muerte de Jesús en la cruz (Ef. 2:8–9). Jesús tomó los efectos del pecado sobre sí mismo para que nosotros no tuviéramos que hacerlo (Ro. 3:21–31). Con la salvación viene la plena restauración para recuperar el señorío y la autoridad que teníamos antes de la caída de Adán y Eva en el Jardín del Edén (Lucas 10:19). Jesús nos rescató, redimió y restauró para darnos favor para con Dios. Cuando aceptamos nuestra salvación, nos convertimos en nuevas criaturas (2 Co. 5:17). Cambiamos nuestra vieja vida de pecado y autodestrucción, la vida que estaba abierta al tormento del enemigo, y tomamos una vida nueva de justicia, bendición y propósito eterno.

El plan de Dios para nuestra creación se restaura por medio de la salvación. La amistad e intimidad que Dios deseaba tener con nosotros puede darse nuevamente cuando quedamos limpios de todo pecado. La gloria de Dios y el pecado no pueden coexistir. Para Dios solo puede ser una o la otra, Él prefiere que seamos fríos o calientes. Por la cruz, la sangre de Jesús ahora cubre nuestros pecados para que podamos valientemente venir a la presencia de Dios y recibir todos los beneficios de ser sus hijos.

"Mas vosotros sois linaje escogido, real sacerdocio, nación santa, pueblo adquirido por Dios, para que anunciéis las virtudes de aquel que os llamó de las tinieblas a su luz admirable; vosotros que en otro tiempo no erais pueblo, pero que ahora sois pueblo de Dios; que en otro tiempo no habíais alcanzado misericordia, pero ahora habéis alcanzado misericordia" (1 P. 2:9–10).

Dios dio a su hijo para restaurarnos a una posición de hijos favorecidos y escogidos. Las ventajas plenas las recibimos cuando a cambio, recibimos el regalo de la salvación. Ya lo he mencionado antes, muchos son los llamados, pero pocos los escogidos. Llegamos a una condición de escogidos al tener una vida de santidad, una que refleje el carácter de Dios en cada esfera de la vida, comunidad, gobierno y cultura. Los escogidos escogen andar en el camino angosto que les hace merecedores de ser portadores de la gloria de Dios en la tierra. Al momento de aceptar el llamado a tener una vida de escogidos, los escogidos también renuevan su compromiso para cumplir con el mandato de Génesis 1:28. Su compromiso es tomar dominio y autoridad plena en la dimensión que Dios nos comisiona, se extenderán en esa área, serán fructíferos de toda forma.

Cuando recibimos la salvación, recibimos la plena medida del plan de Dios para restaurarnos a nuestra condición original. En griego, la palabra para salvación es *sōtēria*, que significa "liberación, preservación, seguridad, salvación" y "liberación de la violencia de los enemigos."[1] Se deriva de la raíz *sozo* (salvación, sanidad y liberación) que significa "salvar, es decir, liberar o proteger (literal o figurativamente):—sanar, preservar, salvar (a sí mismo), hacer el bien, estar completo (hacer un todo)".[2] *Sozo* se utiliza 110 veces en el Nuevo Testamento, en versículos como

Mateo 1:21 que dice (con énfasis añadido):

> "Y dará a luz un hijo, y llamarás su nombre Jesús, porque Él *salvará* a su pueblo de sus pecados".

O aquí en Mateo 9:22, en referencia a tener completa sanidad (énfasis añadido):

> "Pero Jesús, volviéndose y mirándola, dijo: Ten ánimo, hija; tu fe te ha *salvado*. Y la mujer fue *salva* desde aquella hora."

Y nuevamente, haciendo la referencia de la salvación en Juan 3:17 (énfasis añadido):

> "Porque no envió Dios a su Hijo al mundo para condenar al mundo, sino para que el mundo sea *salvo* por él".

Las dos palabras se usan aquí en Hechos 4:12:

> "Y en ningún otro hay *salvación*; porque no hay otro nombre bajo el cielo, dado a los hombres, en que podamos ser *salvos*".

Estas dos palabras griegas muestran que la salvación no solo se trata de ir al cielo. La salvación es para salvar, liberar y restaurar a la persona completa, en esta vida *y* en la vida que está por venir. La salvación incluye la prosperidad, llenura y bendición de Dios en cada aspecto de su vida, familia, finanzas, negocios, ministerio, matrimonio, salud y su eternidad. Dios quiere extender los límites de su habitación, así como lo intentó hacer antes de que Adán y Eva cayeran ante la tentación. Desea ensanchar su territorio y tiene un plan para hacerlo.

Por medio del plan de salvación de Dios, todo lo que el enemigo haya destinado contra el pueblo de Dios se anula y restaura a través de la sangre de Jesús. Siempre ha estado en el corazón y la mente de Jesús para ordenar sus bendiciones hacia sus escogidos.

Bendecir y ensanchar fue lo primero que Dios habló a su nueva creación: "y los bendijo con estas palabras: Sean fructíferos y multiplíquense; llenen la tierra y sométanla; dominen a los peces del mar y a las aves del cielo, y a todos los reptiles que se arrastran por el suelo" (Gn. 1:28 NVI). Este versículo nos da el fundamento de los cuatro pilares para vivir un destino escogido:

1. Ser fructífero
2. Multiplicar
3. Llenar la tierra
4. Dominar

En ocasiones, es difícil creer o reconocer que Dios solo busca lo mejor para sus escogidos. En ocasiones, por las dificultades de la vida, creemos que Dios está enfadado con nosotros y para apaciguar su enfado tenemos que saltar entre aros y hacer todo tipo de rituales religiosos para ganar su favor. No obstante, desde la creación siempre ha estado en el corazón de Dios bendecirnos y hacer que nuestras vidas estén plenas y prósperas en cada área.

La familia escogida

El matrimonio es la primera institución que Dios estableció. Tomó a un buen hombre y a una buena mujer y los unió. Él sigue haciendo lo mismo desde hace miles de años. Si usted está casado, sepa que Dios tiene un propósito escogido para su matrimonio. Con Dios, usted y su cónyuge son el epítome de una pareja poderosa. A pesar de que cada uno tenga misiones individuales y especiales, existe un llamado que Dios dio a los dos juntos, algo que no pueden hacer de manera separada. Sin embargo, las dos personas deben tener un "sí" en su corazón.

Si usted está soltero y con el deseo de tener a alguien a su lado, Dios tiene un plan especial y un propósito para usted, aun mientras está a la espera. Algunos de los momentos más poderosos en la vida suceden en la etapa entre el sueño y el cumplimiento. No desprecie su época de invierno. Lo animo a que busque mi libro *La unción de Ana* para aprender a manejar los tiempos de espera.

Cuando se trata de criar a sus hijos en la plenitud de Dios, se da cuenta que no hay algo que le tome por sorpresa ni a Dios, ni a usted, porque usted es un escogido y ellos también. En ocasiones, tenemos hambre de Dios y nos enfocamos en complacerle que dejamos la crianza de nuestros hijos en segundo lugar debajo del llamado de Dios en nuestras vidas. Como dije anteriormente, no creo que estemos faltando al llamado de Dios al pasar tiempo con nuestros hijos.

Dios tiene un plan de prosperidad para toda la familia. Él lo ha diseñado para gobernar y reinar juntos. Cuando Dios es el centro, nadie sentirá que los miembros de la familia son una distracción, sino que todos están colocados de forma estratégica, juntos para la gloria de Dios, para poder abordar toda el área de su unidad y cohabitación.

Primero fructifiquen y después multipliquen

Dios quiere que seamos fructíferos y con su poder, necesitamos estar en contra de todo aquello en nuestras vidas que detenga ese proceso de dar frutos. Primero debemos ser fructíferos para después, multiplicarnos. La clave de ser fructíferos es permanecer en la vid, que es Jesucristo. En Juan 15:5, Jesús dijo: "Yo soy la vid, *vosotros* los pámpanos; el que permanece en mí, y yo en él, éste lleva mucho fruto; porque separados de mí nada podéis hacer".

Una vez usted llega a tener fruto, puede empezar a multiplicarse. No podemos ser fructíferos si no permanecemos o si no nos mantenemos en Cristo. Algunas de las características que definen a los escogidos son la santidad, la fe y la obediencia. Cuando no hacemos lo que se requiere para caminar conforme al Espíritu y tener un caminar digno del Señor, algo que hablaremos más adelante, no permaneceremos conectados íntimamente con Cristo. La Biblia dice que las ramas de aquellos que no permanecen en Cristo se secarán, las recogerán y las echarán al fuego. Dios recibe la gloria cuando usted fructifica. Por ello, no deberíamos quedarnos atrapados en la creencia de que Dios se complace cuando tratamos de vivir y prosperar con recursos e ingresos limitados.

Dios se glorifica cuando usted prospera espiritualmente y con el trabajo de sus manos. Él es el único que nos empodera para recibir riqueza. Él nos da sus riquezas celestiales, volviéndose pobre para que nosotros pudiéramos ser ricos (2 Co. 8:9). Vino a redimirnos en toda forma y a restaurarnos totalmente a su imagen, espiritual, emocional, física y económicamente. No podemos ser una bendición cuando no hemos sido bendecidos.

Dios está preparando a sus escogidos para la transferencia más grande de riqueza que jamás hayamos conocido. Él sabe que necesitamos la sabiduría y la revelación para servir de acuerdo con su plan. Es aquí donde él nos toma a través de un proceso para construir el carácter correcto y la integridad para administrar el fruto. Si somos egoístas y nos llenamos de lujuria de la carne y de los ojos, si contenemos una ambición vana, lo que abunde pasará a las manos de aquellos cuyos corazones estén conforme a Él. Dios solo puede obrar con vasijas que se sometan a Él y con corazones arrepentidos.

Antes de que se les pueda confiar un rebosamiento, los escogidos primero deben encontrar toda suficiencia en Dios, Jehová Jireh, y saber que solo Él es más que suficiente. Cuando Él ve que podemos manejar el fruto y tenemos la capacidad de administrar más, empezaremos a ver que el fruto se multiplica y se llena la tierra. Es por medio de esta prosperidad que nos multiplicamos, damos y somos generosos. Cuando creemos y obedecemos a Dios en el área de nuestras finanzas, lo demostramos por medio de nuestros diezmos y nuestras ofrendas.

Luego, la multiplicación se convierte en influencia. No podemos influenciar en la tierra sin llevar fruto y sin tener el peso necesario. A medida que crecemos, aumentamos y nos ensanchamos, los límites de nuestra habitación, nuestro territorio y nuestra medida de dominio, también se extienden. Tomamos una unción similar a la que tomó Jabes (1 Cr. 4:9–10). Pero usted se extenderá a territorios que Dios haya designado específicamente para usted. Él conoce el territorio que usted puede manejar y se lo revelará conforme permanezca en Él, consultando, escuchando y obedeciendo. El ensanchamiento y la toma de dominio que tengamos sobre nuestros enemigos es parte de la petición que ya era nuestra antes de la caída, la cual ya era parte del plan total de salvación de Dios.

Redención, búsqueda y recuperación

El pecano nos aleja demasiado de Dios y del plan que tiene para nuestras vidas. Sin embargo, el plan de Dios nos libera de pecado y nos ayuda a encontrar nuestro camino de vida de regreso y a recuperar nuestra petición y lo que el pecado nos ha arrebatado. El capítulo de 1 Samuel 30 es poderoso y trata acerca de recuperar las bendiciones de Dios. En este capítulo encontramos a David, el hombre de Dios, bajo un ataque mortal. Había estado huyendo de Saúl, quien se suponía que era su mentor. De alguna forma, la traición lo tomó por sorpresa, aunque David no solo no quería pelear con Saúl, sino que tampoco sabía cómo hacerlo. En ocasiones, cuando no sabemos cómo pelear con un enemigo en particular, tendemos a hacerlo en la carne. Esto es exactamente como respondió David. Fue y peleó con sus enemigos sin la dirección de Dios y si lo vemos desde nuestro punto de vista, terminó en una condición de rebeldía. Ahí es donde lo encontramos en 1 Samuel 30. Lea los capítulos 27 al 30 del libro de 1 Samuel para conocer el contexto de lo que le estoy compartiendo.

En última instancia, David no quería pelear con Saúl, pero a Saúl lo atormentaban los celos y un espíritu de competencia. Estos eran los espíritus que también trabajan en nuestras vidas para eliminar nuestro destino. Incluso cuando se nos ha otorgado la salvación, seguimos en una lucha espiritual para garantizar que Dios está para nosotros, por lo que debemos aprender cómo defendernos contra ciertos enemigos. Veamos ahora cómo David, después de desviarse de la voluntad de Dios, pudo arrepentirse y regresar al buen camino para perseguir al enemigo y recuperar todo lo que le habían robado.

1 Samuel 30:1–2 LBLA dice: "Y aconteció que cuando David y sus hombres llegaron a Siclag al tercer día, los amalecitas habían hecho una incursión en el Neguev y contra Siclag, y habían asolado a Siclag y la habían incendiado; y se llevaron cautivas las mujeres y a todos los que estaban en ella, grandes y pequeños, sin dar muerte a nadie; se los llevaron y siguieron su camino". Observe que el texto dice: "Y aconteció que cuando…" Algo había acontecido: David no estaba en su puesto. Estaba luchando con los enemigos de Dios. Él solo había decidido ponerse del lado de los filisteos (Vea 1 Samuel 27).

La emboscada se dio cuando David no estaba en su puesto, cuando no estaba en casa. Piense en ello. Cuando no estamos en el lugar que nos pertenece, alguien sufre. Esto es importante porque no necesitamos entender únicamente cuán importantes somos para las personas a nuestro alrededor, a las personas que nos designaron. Todos están llamados a hacer algo que contribuya con el cuerpo, grupo, familia, equipo o la comunidad en donde fuimos colocados. Por ello, David estaba perdiendo en la batalla en el lugar que lo habían designado, ante el enemigo que vino y atacó a su esposa y a sus hijos.

Siempre que usted no esté haciendo lo que Dios lo designó a hacer, está abriendo la puerta para que el enemigo ataque a quienes están bajo su responsabilidad. Adán y Eva hicieron esto cuando caminaron en todo el jardín un día. Eva terminó conversando con el diablo alrededor del árbol prohibido y Adán, pues, ni siquiera se sabe dónde estaba. Lo que sabemos es que cuando Dios los buscó en el lugar donde usualmente estaban, en el fresco del día, ellos no estaban ahí (Vea Génesis 3). De una escena a la siguiente, vemos que ninguno de los dos estaba en los lugares en que Dios los había llamado a estar. Sus acciones dejaron vulnerables a toda la humanidad ante la tentación y tormento del enemigo. Como los primeros padres, ellos eran responsables de las generaciones futuras y lo que pudiera surgir de su simiente.

Desde entonces, hemos estado en una lucha con el enemigo por nuestras almas para mantener nuestro lugar, primero restaurar nuestra capacidad de permanecer ante Dios por medio de la redención, escuchar a Dios para aprender cuál es nuestra posición y luego usar nuestras armas espirituales para defenderlos contra el enemigo, quien intenta sacarnos de la posición, todos los días de nuestra vida.

Pero no podemos ceder nuestra posición, esto puede ser difícil en ocasiones. Incluso yo soy culpable de querer salir de mi posición en lo profético cuando veo a tanta gente que comercia con la dimensión profética. Puede traer tan malas consecuencias que solo diré: "dejaré de ser parte de esto".

Pero Dios dice: "Sí. Mientras estés en cualquier otro lado refunfuñando o distraído, haciendo otra cosa, dejas de estar en tu puesto de vigilante, ya sea como madre en la dimensión de lo profético o como a quien se le ha llamado a liderar y ayudar a que otros entiendan esa dimensión".

Vean, no podemos ceder nuestro puesto. Debemos estar en un punto en donde, si tenemos que salir de esa posición, podamos recuperarla rápidamente. Hay mucho en juego. Sin importar si usted no está alineado a la voluntad de Dios, Él seguirá extendiendo su gracia para que usted recupere ese lugar. Pero no podemos hacerlo en la carne. Usted debe pedir consejo al Señor.

1. Pida a Dios que le enseña a saber cómo entrar a la plenitud de su plan para su vida.

Siempre hay algo que sucede en el Espíritu. Dios nos dice: "Porque mis pensamientos no son vuestros pensamientos, ni vuestros caminos mis caminos, dijo Jehová" (Vea Isaías 55:8–9). Son mucho más altos, pero podemos pedirle a Dios que nos ayude a conocer sus planes y cómo trabaja nuestro alrededor para bien nuestro. A veces no podemos ver las cosas porque los ataques de la rutina mundana que vienen del enemigo, nos distraen. Podemos pedirle a Dios que nos ayude a regresar a tener una actitud adecuada.

Dios está cultivando en nosotros, corazones de guerreros y líderes, así como lo hizo con David. David tenía el llamado de ser rey, pero actuaba como si no hubiera conocido a Dios. Por ello, lo primero que tenía que hacer era fortalecerse en el Señor (1 Sa. 30:6). En su punto más débil, con más tribulación, David se puso del lado de los filisteos. Estaba cansado de pelear con Saúl (pelear con el sistema) y tratar de caminar en rectitud, de modo que el enemigo atacó su corazón. Su arma más importante siempre será su corazón. Debe mantener su corazón puro y eso solo lo puede lograr al fortalecerse en el Señor, pidiendo consejo a Él y aprendiendo cuáles son sus estrategias.

2. Entienda que Dios lo llevará a su tierra para poseerla.

David estaba en el lugar incorrecto, luchando contra el pueblo incorrecto y mientras estaba ahí, el enemigo había tomado a su familia. Necesitamos asegurarnos de que le preguntamos a Dios: "¿Cuál es mi territorio? ¿Cuáles son mis límites?" Él lo llevará a su territorio y le mostrará los límites de su habitación (Hechos 17:26). Cada uno de nosotros tiene un territorio específico que se supone que debemos ocupar.

Al llegar a la tierra que Dios tiene para nosotros, también debemos someternos al plan de Dios para prosperar en ese lugar. Muchas veces fallamos o tomamos malas decisiones porque no estamos en el lugar correcto. Solo porque tiene el conocimiento de ciertas cosas, no significa que está en el lugar principal o en su misión. No tenemos la fuerza para estar en todo lugar y hacerlo todo. Debemos ser cuidadosos de no participar en ministerios o proyectos laborales que no estén alineados con la misión que nos ha sido encomendada. En ocasiones lo que buscamos es complacer a la gente y aunque podría parecer que eso nos da favor con una persona temporalmente, salimos de nuestra posición para tratar de hacer lo que hace feliz a otros. Queridos, no quisiéramos estar en este lugar donde buscamos complacer a otros en lugar de complacer a Dios.

Una vez que usted le ha pedido a Dios que se deje ver en su territorio, necesita quedarse ahí, habitando ese lugar. Dios sabe que se supone que ahí estaremos y cuando usted entiende los límites de su habitación, usted puede tomar el dominio de ese lugar.

Cada persona tiene un jardín

Cuando Dios colocó a Adán y a Eva en el jardín, los bendijo y dijo: "Fructificad y multiplicaos". Puede ser que muchos de nosotros no seamos fructíferos porque no entendemos la bendición que ya existe en nuestras vidas. Como creyente, como una que ama al Señor y como una que es salva, entiendo que Dios lo ha bendecido. Lo fructífero fluye en la mente cuando está renovada de que ha sido bendecida por Dios. Con frecuencia, el diablo tratará de atacar su fe y su incredulidad lo conducirá a comportarse como si Dios no estuviera de su lado, que no lo ama, que su corazón no ver que usted crece y prospera. Empezará a pecar a través de los ciclos del fracaso y la derrota.

Sin embargo, el plan pleno de redención de Dios quebrantará la actitud demoníaca que se establezca en usted para que falle, espíritus de rechazo, de que es indigno e incluso, de pobreza. En esta hora Él está rompiendo la esterilidad. Su Espíritu se acerca a aquellos que desean conocer la realidad y la plenitud de Su salvación. Acercarse a Él también y preguntarle: "¿Dónde está tu lugar de fecundidad?" es una de las cosas más importantes que necesitamos hacer para reiniciar, reenfocarnos y ser redimidos en esta área. Todos tienen un jardín, un lugar donde pueden florecer, crecer y multiplicar.

Examine su vida y quién es usted con la guía del Espíritu Santo. Examine sus fortalezas y sus fallas. Vea de nuevo a las palabras que se han hablado para usted por medio de la profecía y la oración.

Usted saltará de un lugar de sueños a un lugar donde se activarán los sueños por medio de las estrategias divinas que Dios le dará. Dios estableció a Adán y Eva en el Jardín del Edén. Ese era su lugar de dominio, aunque no sabían cómo cuidar de él o cómo hacerlo crecer o florecer. Dios les enseñó. Les enseñó a cuidar todo aquello sobre lo cual les había dado autoridad. Él hará lo mismo con usted.

Los planes cambian, los propósitos no

Su plan para el éxito puede cambiar, pero su propósito nunca cambiará. Aunque el enemigo ponga espinas, trampas y artefactos en contra del plan de Dios, Dios seguirá con una forma de actuar. Él tiene un propósito para su vida, aunque en ocasiones el plan para cumplirlo dependerá de sus acciones y de las acciones de otras personas. El plan de Dios no era que Adán y Eva pecaran, a pesar de ello, su propósito máximo para crear al hombre no se vio frustrado. Él abrió un camino por medio de Jesús, para restaurar nuestra conexión con Él. Existen circunstancias en las que el enemigo hace estragos con nosotros o con las cosas de las que somos responsables. Las relaciones están dañadas. Las confianzas se han roto. Los emprendimientos comerciales fracasan. Tal vez ha buscado al Señor y ha escuchado su propósito para su vida, pero por las acciones que sucedieron en lo natural como resultado del libre albedrío, el plan establecido no se cumplió de esa forma. No sea obstinado. Suelte esa situación. Si no trae fruto, déjelo ir. A medida que lo haga, Dios puede darle otro plan. Él no quiere que usted se mantenga en un lugar en donde usted sufra abuso o donde otros lo ataquen.

Este es solo uno de los muchos factores que me emocionan al servir al Señor Jesucristo. Él es el Dios de redención. Él redime nuestras vidas de la destrucción. Cuando nos arrepentimos Él siempre prepara un camino. Si usted comete errores, si le ha sucedido algo devastador, Dios siempre puede ofrecerle una nueva forma de escape. Tenemos que ser flexibles. Nuestra confianza su propósito universal puede liberarnos de ser extremadamente rígidos. Por ejemplo, en algún momento usted podría pensar: "Sé lo que Dios me dijo". Dios me dijo que fuera a este lugar. Dios me dijo que fuera a esta iglesia. Aunque en esa ocasión Dios hubiera querido que usted asistiera a una iglesia en particular, no deje que el jugar de esa oportunidad de una sola vez se convierta en el lugar de su cautiverio. En el reino de Saúl, David fue liberado, capacitado, equipado y aprendió a luchar. Sin embargo, de repente Saúl empezó a estar en contra de David y él tuvo que salir de ese lugar. Tuvo que correr por su vida. Nunca regresó, al contrario, luchó contra Saúl. David tuvo que desarraigarse del lugar que conocía y por esa flexibilidad sobre cómo Dios podía cumplir su propósito, Dios hizo cosas nuevas en su vida.

Creo que Dios quería una transición limpia entre Saúl y David, pero David no sabía cómo luchar contra Saúl. El plan era que David fuera criado en el reino, pero el plan cambió. Sin embargo, el propósito de David de ser rey de Israel, nunca cambió.

Amados, tenemos que poseer todo el gozo cuando caemos ante distractores, pruebas y tentaciones porque la prueba de nuestra fe produce arrepentimiento. La prueba de nuestra fe produce paciencia. Cuando la paciencia tiene una obra perfecta en nuestro interior, construimos la fortaleza para soportar todo y seguir siendo fructíferos.

Capítulo 6

MENTALIDAD Y ACTITUDES IMPÍAS QUE ATACAN A LOS ESCOGIDOS

"*...Sino transformaos por medio de la renovación de vuestro entendimiento, para que comprobéis cuál sea la buena voluntad de Dios, agradable y perfecta*".

—Romanos 12:2

En el último capítulo hablamos del plan de redención de Dios y cómo nos permite regresar al propósito y deseo original que Dios creó para nosotros, así como nuestra posición original que es útil para restablecer la bendición de Génesis 1:28, que se basa en ser fructíferos y en multiplicar. Aunque este plan nos alinea con nuestro propósito, algunas cosas pueden frenarnos e incluso entorpecer el plan de Dios. En este capítulo, analizaremos pensamientos y actitudes específicos que surgen en contra de la vida escogida y cómo podemos liberarnos de todos ellos y avanzar a nuestro propósito máximo de forma victoriosa.

Una de las primeras ideas que necesitamos comprender y uno que nos liberará a la mayoría, es que los escogidos no son perfectos, simplemente son amados por Dios. Son personas que tienen vidas diarias regulares como usted o como yo, que no provienen de un origen perfecto. No son súper santos. Nacieron y tuvieron su formación en iniquidad, así como el resto de la raza humana. Son propensos a cómo afectan las maldiciones generacionales, pensamientos impíos y actitudes lastimadas que surgen en contra de ellos mismos.

Piense en Israel, el pueblo escogido original, ellos eran personas con problemas y disfuncionales. Los profetas, reyes e incluso algunos de los jueces, como Sansón, eran profundamente imperfectos. Enfrentaron épocas terribles de guerra y cautividad y en repetidas ocasiones, sufrieron la desolación que les provocaron sus enemigos. Pero siempre, Dios los amó y los rescató y redimió.

En 2 Crónicas 20, llegamos a un momento en donde el pueblo de Israel se enfrentó a un ejército que sabían que no podrían derrotar. La derrota parecía inevitable. "¡Oh, Dios nuestro!" clamaron en el versículo 12, "¿no los juzgarás tú? Porque en nosotros no hay fuerza contra tan grande multitud que viene contra nosotros; no sabemos qué hacer, y a ti volvemos nuestros ojos".

Vea, dentro del cuerpo de Cristo hay una gentil danza porque a nadie le gusta hablar de los juicios de Dios. Sin embargo, lo que escucho es que Dios dice que Él se prepara para juzgar a sus enemigos. Sus juicios son parte de su justicia decretada en contra de su gente. La Biblia dice que la rectitud y la justicia son los fundamentos de su trono. Él dijo que, para levantar toda la ocupación del enemigo sobre la tierra, Él se prepara para juzgarlos y para que su justicia fluya como un río en su vida.

Isaías 59:17 dice: "Pues de justicia se vistió como de una coraza, con yelmo de salvación en su cabeza; tomó ropas de venganza por vestidura, y se cubrió de celo como de manto". Dios dice: la venganza es mía. Deje que el Señor obre en sus victorias. La justicia se cumplirá en los ambos lados. Él no pasará por alto ni una pizca de evidencia, pues Él guarda buenos registros.

> Porque Dios no es injusto. "Porque Dios no es injusto para olvidar vuestra obra y el trabajo de amor que habéis mostrado hacia su nombre, habiendo servido a los santos y sirviéndoles aún".
>
> —Hebreos 6:10

Aunque esto fue dirigido al pueblo de Israel, sigue siendo para nosotros hoy: Debemos clamar por justicia. Debemos usar nuestras armas de guerra en esta hora porque Dios pelea con nosotros. Para estar claros, cuando digo "enemigos" hablo acerca de los demonios. No hablo de personas porque no peleamos contra carne ni sangre sino contra principados y potestades, contra gobernantes de las tinieblas en las regiones celestes. Al final del día, no se trata de las personas y ni siquiera se trata de usted. Se trata del poder de Dios que habita en usted. Se trata de la misión que usted tiene en su vida y que el diablo está tratando detener.

No importa cuántos están batallando en contra suya. Siempre tendrá más de su lado que en su contra. Empiece a declarar su día como un día de cosas nuevas. Empiece a declarar su día como un día de justicia. Reverencie y adore como lo hacía el pueblo de Israel cuando enfrentaba a sus enemigos. Declare: "Señor, tú eres el Dios de justicia. Clamo por su justicia. Permite que fluya en mi vida". Usted es un vencedor escogido.

Tal como lo mencioné al principio de este capítulo, muchas de estas creencias y actitudes que trabajan contra nuestros destinos se quebrantan a través de la revelación del amor de Dios Padre. En este capítulo quiero exponer algunas de las armas que el enemigo forma contra sus escogidos y cómo superarlos.

El espíritu de pobreza

Dios nos permite caminar en nuevos niveles de libertad, autoridad y prosperidad. Con algunos de nosotros se dará inicio al quebrantamiento que Él hará sobre la mentalidad de pobreza. La meta máxima del espíritu de pobreza es detenernos de hacer la voluntad de Dios. Es posible que usted haya pensado: "Si tuviera el dinero, viajaría a las naciones". "Si tuviera el dinero, lo daría a la iglesia para construir el nuevo santuario". "Si tuviera el dinero…". Estas frases no deberían ser parte de nuestra forma de hablar.

Nuestra independencia financiera no es para que compremos más cosas sino para que seamos obedientes. Se supone que usted tenga independencia financiera para que pueda obedecer plenamente a Dios. Él dijo: "yo he venido para que tengan vida, y para que la tengan en abundancia (Vea Juan 10:10).

Hace algún tiempo, durante algunos meses, andaba con mal humor. Había estado clamando al Señor por algunas cosas que Él había puesto en mi corazón para que las hiciera a favor del reino. Oraba: "Señor, he sido una sierva fiel. Señor, he sido bendición para muchas personas. ¿Dónde está mi llenura?" El Señor empezó a mostrarme cosas acerca de mí misma. Dijo: "Michelle, tienes una mentalidad de pobreza que necesito quitarte. Te enseñaré la mayordomía para que puedas empezar a trasladarte a un lugar de prosperidad".

Dios hará esto para aquellos que necesitan un progreso financiero para empezar a financiar el reino. Ahora sé que no cada creyente tiene problemas económicos, pero para aquellos que sí lo tienen, Dios quiere liberarnos del espíritu de pobreza. Las raíces de este espíritu son muy profundas, inician en las generaciones de la familia que había sido oprimida en esta área. A medida que sigamos hablando en este capítulo, vamos a trabajar en autoexaminarnos sobriamente para la liberación de este u otros espíritus. Necesitaremos ser honestos acerca de las áreas que necesitan liberación, lo cual puede darse a través de la oración y el ministerio profético. Sin embargo, también necesitaremos estar listos para educarnos sobre el dinero y para implementar una mayordomía y disciplina real hacia nuestros gustos, deseos, motivos y hábitos. Tomar clases, leer libros y tener un mentor con riqueza y entendimiento de cómo funciona el dinero, son formas en las que podemos empezar a ver el progreso permanente en nuestras finanzas.

A medida que avancemos en este libro también estaremos hablando acerca de la sabiduría divina y la revelación relacionada con las ideas ingeniosas y las invenciones que Dios descarga en nosotros, dependiendo de cuánto nuestros oídos y corazones se inclinen a escuchar su voz. Algunas de esas ideas traerán ingresos y avances económicos en la medida que nos distingamos en estas dádivas. Nos volveremos fructíferos en todo buen trabajo que hagamos.

Espíritu de prejuicio

Regresemos a ver la experiencia de David en Siclag en 1 Samuel 30:11, después de que David tuvo la libertad de perseguir y alcanzar al enemigo para recuperar todo lo que se habían llevado, conoció a un egipcio. Este egipcio le dijo a David dónde se encontraba el grupo de hombres que tenían los objetos. Este hombre egipcio represente a la gente convencional, personas que están en el reino, en su círculo o en su red. Representa a las personas que pudiera no conocer, tal vez a alguien de diferente nacionalidad. Dichas personas pueden ser quienes sepan cómo llevarlo a recuperar lo que ha perdido. Quizás pudieran darle la destreza que necesita. Esto es lo que yo llamo una conexión divina. Si ha adquirido un corazón religioso donde podría haber prejuicio, y la gente de color puede tener esos prejuicios también, mejor pida a Dios que purifique su corazón.

Su egipcio pudiera venir en forma de una persona caucásica, hindú, asiática, rica, pobre o con discapacidad. No sabe a quién Dios ha colocado para traerle visión y propósito. Sin embargo, creo que Dios le dará sus ojos para ver, oídos para oír y un corazón para percibir lo que Él está haciendo.

Para poder ver quién es el egipcio que podría venir a sus vidas, si tuviéramos problemas de prejuicio en nuestros corazones, tenemos que pedirle a Dios que nos dé un corazón perdonador. No podemos tener el espíritu del prejuicio. Entiendo que algunos de nosotros hemos sufrido a manos de diferentes grupos étnicos. Algunas personas que son afroamericanas como yo, han sufrido a manos de personas de raza blanca. Hemos estado en esclavitud, pero ahora estamos en el reino. Tenemos el poder de Dios para sanarnos y renovar nuestras mentes por su Espíritu. Si de verdad queremos superar los efectos trágicos de cualquier pasado étnico doloroso, nativoamericanos, judíos u otros grupos, tenemos que dejar que Dios nos traiga sanidad y nos perdone.

Ningún grupo racial o étnico puede detenerlo, ni siquiera el mismo presidente de los Estados Unidos. Cuando Dios dice que este es su tiempo para prosperar, cuando Dios dice que este es un tiempo de hacer lo que Él formó adentro de usted para hacer, necesita prepararse para que lo catapulten al nivel siguiente. No permita que la falta de perdón lo detenga. No perdonar es parecido a que las acciones dañinas sigan causando heridas en su vida. Siguen ganando hasta donde usted les permita que sigan.

Este es el tiempo en que Dios va a mostrarle aquello que esté en usted. Una vez Él sabe que usted está listo para caminar en plenitud, que no va a desaprovecharlo y que Él tiene un trato con su corazón para madurarlo, empezará a ver un avance.

El espíritu de orfandad

Algo que me gustaría destapar es que considero que la maldición más grande que hay sobre la tierra actualmente es posiblemente el espíritu de orfandad. Cuando nos movemos de una renuencia para presentar nuestra obediencia a los mandamientos de Dios nos permite caminar en poder y autoridad contra los principados que están corren desenfrenados en nuestra cultura, amenazando con muerte y destrucción en cualquier lugar al que veamos y nos permite cortar de raíz con la profunda batalla emocionar que se tiene contra el espíritu de orfandad. Para que nuestro sí sea sí y nuestro no sea no, necesitamos arrancar este espíritu de nuestras vidas. No seamos renuentes ni dudemos en obedecer a Dios ni a responder su llamado. Estamos una época de "para un tiempo como este". No podemos darnos el lujo de quedarnos atrapados en las creencias y actitudes que surgen en contra del conocimiento de Dios.

Creo que Mardoqueo usó sus palabras de autoridad para quebrantar a la fortaleza que estaba en la vida de Ester. Creo que el mayor obstáculo de Ester era la autopreservación que estaba enraizada en el espíritu de orfandad.

Características y señales del espíritu de orfandad

- El espíritu de orfandad entró a la tierra cuando Adán y Eva cayeron. Dios era el centro del mundo del hombre y Él daba al hombre todo lo que necesita y lo protegía de todo lo que había creado. El resultado más importante de la caída es que el hombre se convirtió en el centro de su propio mundo. Él mismo se dejó huérfano y se volvió un extraño de Dios. Cuando el hombre empieza a ser el centro de su propio universo, se convierte en su propio recurso y empieza a crear miedo a Dios.
- Los huérfanos espirituales carecen de identidad emocional e intentan ganar un sentido de identidad por medio de sus esfuerzos. Los huérfanos espirituales son quienes se sienten solos, quienes sienten que no tienen un lugar seguro y de protección en el corazón del padre, que es donde Él los afirma, protege, provee y expresa su amor por ellos. Sienten que no pertenecen ahí. Se sienten con temor, ansiedad e inseguridad. Los huérfanos espirituales tienen un espíritu independiente que con frecuencia les produce ocultar o negar el dolor.
- El espíritu de orfandad siempre causa preocupación en cuanto a provisión y protección.

Esta preocupación les causa que funcionen en sus propias capacidades, lejos de Dios. El espíritu de orfandad se mueve en la autosuficiencia; se arman de una vestidura de hojas para protegerse y ocultarse del creador.

- Una persona que funciona fuera de un espíritu de orfandad, constantemente se alberga en sentimientos de abandono, soledad, enemistad y aislamiento. Ester estaba aislada y aislada con su familia; estaba obligada a vivir en un mundo pagano. Le arrebataron su paz y seguridad y se vio forzada a cumplir para sobrevivir. Aquellos que actúan a partir de un corazón huérfano, nunca quieren rebelarse contra una autoridad que incluso pudiera poner en peligro su seguridad.
- El espíritu de orfandad actúa en la inseguridad y el temor. Cuando Ester no recibió un llamado del rey durante treinta días, no sabía si el rey había encontrado a alguien más complaciente o si ella simplemente había perdido su influencia. Incluso a través de la Escrituras vemos que, aunque el rey amaba a Ester más que a cualquier otra mujer en el reino, ella no estaba segura en su amor. En muchas ocasiones, los huérfanos no son capaces de recibir amor.
- El espíritu de orfandad provoca que usted se base en el desempeño que produce. Ester ganó el favor del rey. "Cuando a Ester, la joven que Mardoqueo había adoptado y que era hija de

su tío Abijaíl, le llegó el turno de presentarse ante el rey, ella no pidió nada fuera de lo sugerido por Jegay, el eunuco encargado del harén del rey. Para entonces, ella se había ganado la simpatía de todo el que la veía" (Est. 2:15). Cuando vemos esta parte de las escrituras con la traducción Reina Valera 1960, se dice que "ganó favor", lo que indica que el favor no se daba o estaba depositado en ella; el favor vino por algo que ella estaba haciendo. Creo que Ester era una mujer agraciada y refinada, pero su corazón creía algo como: "tengo que desempeñarme al máximo o dar todo lo que tengo para ser la mejor".

- El espíritu de orfandad provoca que usted siempre esté en una competencia interior con otros. El espíritu dicta que usted debe sobresalir a toda costa. El espíritu de orfandad adquiere esa identidad de ser mejor que cualquier otra persona.
- El espíritu de orfandad carece de autoestima e identidad.
- El espíritu de orfandad es autodependiente. Cuando la vida familiar se ve alterada de forma dramática, la persona huérfana dependerá únicamente de lo que pueden controlar.
- El espíritu de orfandad es autoprotector. Los huérfanos se sienten inseguros acerca de su posición. Se sienten descubiertos y desprotegidos, por ello, el instinto es protegerse a sí mismos.

- El espíritu de orfandad está enraizado profundamente en la autopreservación. La autopreservación es una obsesión con protegerse de las cosas que teme perder. Mardoqueo desafía el temor de Ester de perder todo lo que había trabajado y que le había costado llegar a tener. De forma irónica, cuando nos obsesionamos con proteger demasiado aquello que tememos perder, tendemos a perderlo más rápidamente. Marcos 8:34–35 dice: "Y llamando a la gente y a sus discípulos, les dijo: Si alguno quiere venir en pos de mí, niéguese a sí mismo, y tome su cruz, y sígame. Porque todo el que quiera salvar su vida, la perderá; y todo el que pierda su vida por causa de mí y del evangelio, la salvará".

Liberación del espíritu de orfandad

Únicamente después de haber ayunado y orado Ester pudo estar confiada y pudo tomar el liderazgo en la historia. Después de ayunar, orar y liberarse de un espíritu de orfandad, Ester, quien "inicialmente era una joven y bella mujer con un carácter débil, se transforma en una persona con una altura moral heroica y destrezas políticas".[1]

Considero que, en el tiempo de ayuno y oración, el Señor la liberó de la esclavitud de un espíritu de orfandad. Así es como podemos explicar el drástico cambio de Ester que tuvo de estar en una profunda desesperación a tomar acciones determinadas; cambió de la pasividad al liderazgo. Encontró confianza en la presencia del Señor. Durante su ayuno, "Ester se conectó con su ser interior y entendió por qué había sido elegida como reina". Entendió por qué tuvo que sufrir por medio de la relación con su irritable rey. Entendió que tenía una misión y que podía darle una forma diferente a la realidad en lugar de sufrir pasivamente en ella. Ester fue elegida reina para salvar a su pueblo, su misión y su fe le dieron forma a su carácter y la inspiraron a tomar acción y a triunfar".[2]

Durante nuestras vidas y de vez en cuando, todos enfrentamos crisis. En ocasiones, las crisis son serias que amenazan nuestra estabilidad y seguridad. Es en ese momento en que nuestras identidades son sometidas a la prueba para ser perfeccionadas. Debemos acoger el amor y la aceptación del Padre. Somos personas únicas, somos una generación escogida. Somos hijos del Rey y somos herederos de las promesas de Dios. Desde el principio ha declarado el fin; sus planes para nosotros son de bien y no de mal. El Padre debe sanarnos del rechazo. No somos huérfanos. Hemos recibido el espíritu de adopción y podemos clamarle: "Abba Padre". El amor de Dios Padre nos protege y sostiene al caminar como escogidos y en esos tiempos difíciles.

LA ORACIÓN QUE QUEBRANTA EL ESPÍRITU DE ORFANDAD

Señor, gracias porque me amas. Recibo tu amor. Permite que el poder de tu sangre me limpie de tener un corazón de huérfano. Bautiza mi corazón con el fuego de tu amor. Permite que el fuego de tu amor consuma el rechazo y el temor. Permite que el fuego de tu amor me limpie totalmente de toda la inmundicia que ha dejado el espíritu de orfandad. Tu amor, ese gran amor que tienes por mí, es como una intensa llama a la que ni los grandes ríos pueden extinguir. Las llamas de tu amor por mí son eternas y las muchas aguas jamás podrán apagarlo. Tu palabra dice que no nos dejarás huérfanos, sino que vendrás a rescatarnos.

Espíritu Santo, ven y derrama el amor de Dios en mi corazón. Espíritu Santo, enséñame a saber recibir el amor del Padre. Ven y derrama el poder de la verdad y tu amor sobre mí. Me libero de la mentalidad de sobrevivencia. No solo quiero sobrevivir, quiero disfrutar de la vida abundante que tienes para mí. Estoy cansada de la vergüenza y de tener cubrirme con las hojas que yo misma fabrico para mí. Estoy cansada de vivir en temor y en remordimiento. No me ocultaré más de tu presencia.

Me humillo ante ti, mi Señor. Elijo morir para mí. Tu palabra dice que, si el grano de trigo no cae al suelo y muere, será imposible que lleve fruto. Ya no quiero interesarme solo por mis intereses, quiero usar mi autoridad para ser beneficio para el bienestar de otros. Me limpio y libero de toda pasividad e indiferencia.

Soy una hija de Dios. Ya no soy huérfana. No tengo que tener éxito para recibir tu amor. He recibido el espíritu de adopción y puedo clamar: "Abba Padre". Me libero de toda inseguridad y temor. Me libero de la autopreservación.

Perdóname por tener esa obsesión de tratar de ganar méritos por medio de mi lucha y competencia. Dejaré de competir para sobrevivir. Tengo favor en ti. Confío en tu amor que me protege. En ti está mi seguridad. Eres mi Padre celestial, Tú eres quien me provee. Elijo obedecer tu Palabra. Dejaré de tratar de salvarme y, al contrario, esconderme en los brazos de tu amor. Amén.

Busque a los mejores mentores

En ocasiones, su vida ha sufrido equivocaciones y es debido a que no ha tenido los mentores adecuados. Ha servido a reyes, sistemas y personas que no han enriquecido su vida de la forma adecuada, pero ahora, decreto que Dios colocará a las personas correctas en su vida, aquellos que sí serán para bien. ¿Sabía que puede recibir revelación de alguien que lo puede catapultar al siguiente lugar?

He visitado cincuenta y tres países. He visitado todos los tipos de iglesias y he visto todo tipo de cosas. ¿Por qué? Porque el apóstol John Eckhardt vio gracia en mi vida. Él me tendió la mano e influyó para bien en mi vida. Puso sus manos sobre mí y dijo: "Viajarás a las naciones y no solo viajarás a las naciones, sino que te detendrás y predicarás". Después, amplió su plataforma para que yo pudiera predicar. Me capacitó como mi mentor.

Algunos de ustedes necesitan hablar a su femineidad o su masculinidad. Necesitan a alguien que les sea de beneficio, que comparta su plataforma, los corrija y los ayude a perfeccionar su llamado. Hubo experiencias que no tuve que pasar porque alguien fue de bendición en mi vida.

El reino de Dios tiene que ver con disciplina. El reino de Dios tiene que ver con reproducción.

Algunos de nosotros escuchamos las mismas voces todo el tiempo. Quizás digamos: "Soy palabra de fe. Me quedaré con la palabra de fe" o, "Soy apóstol, me quedaré con lo apostólico". Pero necesitamos ser abiertos a nuevas voces, hombres y mujeres de Dios, experimentados, que aprovechan todo lo nuevo que Dios está haciendo.

Pienso en cómo Ester consideraba a Mardoqueo. Mardoqueo desafiaba a Ester porque sabía que ella tenía un espíritu de orfandad, una mentalidad de sobrevivencia. Él desafiaba ese espíritu que estaba dentro de ella cuando le decía: "Escucha, no vas a sobrevivir". No solo perecerás, sino que también perecerás tú *y* tu pueblo. Sin embargo, si decides avanzar en la posición en la que Dios te puso y la usas, en lugar de la muerte vendrá la liberación y la expansión.

Ester tenía un espíritu que la obstaculizaba, pero como su mentor en la distancia, quiero desafiarlo a no retroceder sino seguir avanzando en el destino y el propósito que Dios ya puesto para usted, a vencer al enemigo y a recuperar todo lo que ha perdido.

Necesitamos a alguien que nos desafíe y creo que conocerá a las personas correctas que le lleven a un nuevo nivel de gloria y gracia. Ahora mismo estoy orando para que se levante con la unción que Dios colocó en usted y que aprenda a que él pondrá personas cerca de usted para catapultarlo. También oro para que las personas negativas sean alejadas de su vida. Permita que este sea el día en que Dios empiece a acomodarlo para su misión. Que sea audaz en su autoevaluación y que no tenga miedo a hacer preguntas difíciles: "¿Cómo puedo acomodarme? ¿Qué estoy haciendo con mi tiempo?". Usted va acomodándose por medio de sus decisiones y del tiempo. El tiempo es la medida de la vida. Por ello, oro para que Dios siga enseñándole a contar sus días para que pueda tener un corazón de sabiduría y así, cada día llegue a sus niveles máximo y logre salir en victoria. Que siempre esté un paso adelante y que sus enemigos se queden atrás, en el nombre de Jesús.

Capítulo 7

LOS ESCOGIDOS RECIBEN LLENURA CON EL CONOCIMIENTO DE LA VOLUNTAD DE DIOS

"Por lo cual también nosotros, desde el día que lo oímos, no cesamos de orar por vosotros, y de pedir que seáis llenos del conocimiento de su voluntad en toda sabiduría e inteligencia espiritual, para que andéis como es digno del Señor, agradándole en todo, llevando fruto en toda buena obra, y creciendo en el conocimiento de Dios; fortalecidos con todo poder, conforme a la potencia de su gloria, para toda paciencia y longanimidad; con gozo".

—Colosenses 1:9–11

La mayoría de creyentes entienden que son llamados, pero lo que la mayoría no comprende es que el llamado solo es una invitación. El siguiente nivel es llegar a ser escogido, que se predica con base en cómo da respuesta a la invitación que recibe. Dios ya lo ha escogido, pero seguirlo por completo es una decisión que solo depende de usted.

Esta es la belleza del libre albedrío y del poder de la elección. Dios lo creo para conocerlo y para tener una relación íntima con Él. ¿Cómo responde al llamado de Dios cuando lo llama a hacer algo mucho más grande que usted mismos? Lo que *usted* decida demuestra si usted es solo uno más de aquellos recibieron la invitación o si es quien recibió la invitación y la aceptó.

Debemos recordar que Dios no hace una selección entre la humanidad para escoger a una persona por encima de otra. Dios no hace acepción de personas. No nos reúne a todos en una multitud de humanos para después decir: "Escojo a este. Escojo a este otro". No. Ser escogido depende de lo que hacemos, de las decisiones que tomamos, de los sacrificios que hacemos. La forma en que nos acercamos a Dios. La forma en que nos aliamos con el cielo. ¿Cómo nos conectamos con el cielo para hacer lo que el cielo nos ha comisionado a hacer?

En realidad, muchos de nosotros no cumplimos con lo necesario para caminar en la plenitud de nuestro llamado. Sin embargo, la vida de los escogidos está conformada de elecciones que dan forma a nuestro destino de escogidos, lo que libera la bendición, el favor de Dios en nuestras vidas y nos llama a un lugar especial en donde Dios puede confiarnos las riquezas y la gloria celestial. Dios tiene el fin que espera para nosotros. Tiene la expectativa de cómo nuestras vidas seguirán adelante hasta llegar al fin esperado. Si queremos permanecer en el camino de los escogidos, no podemos vivir de la forma en la que se nos antoje.

Los escogidos aman la presencia de Dios por esta razón: A quienes nos comprometemos a buscar su trono, Él da dirección y revelación sobre cómo vivir una vida de escogidos. Tenemos que buscar a Dios y preguntarle cuál es su voluntad para nuestras vidas. Necesitamos revelación. Necesitamos entendimiento. Dios quiere iluminar los ojos de su entendimiento. Él quiere que nuestros corazones sean inundados de luz. Él dijo: "Clama a mí, y yo te responderé, y te enseñaré cosas grandes y ocultas que tú no conoces" (Jer. 33:3).

Necesitamos conocer la voluntad de Dios para nuestras vidas para caminar prudentemente en la vía que Él nos ha mandado. En Colosenses 1:9–14, el apóstol Pablo oraba por los creyentes en el primer siglo:

> "Por lo cual también nosotros, desde el día que lo oímos, no cesamos de orar por vosotros, y de pedir que seáis llenos del conocimiento de su voluntad en toda sabiduría e inteligencia espiritual, para que andéis como es digno del Señor, agradándole en todo, llevando fruto en toda buena obra, y creciendo en el conocimiento de Dios; fortalecidos con todo poder, conforme a la potencia de su gloria, para toda paciencia y longanimidad; con gozo dando gracias al Padre que nos hizo aptos para participar de la herencia de los santos en luz; el cual nos ha librado de la potestad de las tinieblas, y trasladado al reino de su amado Hijo, en quien tenemos redención por su sangre, el perdón de pecados".

Este pasaje revela nueve características del deseo de Dios para quienes son portadores de su gloria desde hoy hasta donde depare el futuro. Todas están enlazadas en la forma en que su voluntad será el impulsor dominante para la vida de los escogidos.

1. Llenura con el conocimiento de su voluntad

Cuando no entendemos la voluntad de Dios para nuestras vidas, no podemos someternos a ella. Podríamos orar: "Que no se haga mi voluntad, sino la tuya", sin tener una idea de cuál es la voluntad de Dios. Para nosotros es común hablar acerca de la humildad al someternos a Dios, pero ¿cómo podemos hacerlo sin antes ser llenos del conocimiento de su voluntad? La palabra *conocimiento* no solo se trata del saber intelectual. Se trata de estar relacionado íntimamente. Dios desea que usted tenga un conocimiento íntimo de su voluntad por su vida, su iglesia, su familia y por cada región de la tierra en la que Él ha decidido que usted esté.

Una vez que usted sepa la voluntad de Dios, es decir, una vez que Dios la revele por medio de un sueño, visión o palabra profética, usted adquiere la responsabilidad de someter su vida completa a ella. Al momento de que sepa la voluntad de Dios para usted, ahí es donde se convierte en la visión de su vida. Muchos de nosotros perecemos por falta de conocimiento de la voluntad de Dios para nuestras vidas. Perecemos porque no tenemos visión. La Biblia dice que donde no hay visión, el pueblo se desenfrena (Pr. 29:18). Una visión clara de lo que Dios ha planificado para nosotros es lo que nos frena a vivir de forma desordenada y nos evita ser una presa fácil del enemigo. Esta visión permite que cualquier voluntad se someta a la voluntad de Dios. He aquí la razón por la que el apóstol Pablo podía decir: "Ya no vivo yo, mas vive Cristo en mí" (Gl. 2:20). Dijo: "Pues me propuse no saber entre vosotros cosa alguna sino a Jesucristo, y a éste crucificado" (1 Co. 2:2).

Aquí, Dios dice que, si vamos a vivir como escogidos, debemos ser hombres y mujeres de Dios que se someten a la voluntad de Dios. Debemos concluir que tenemos la determinación de no saber nada más que de Jesucristo y de él crucificado. Ahora incluso, podemos empezar a clamar: "Dios, lléname con el conocimiento de tu voluntad. Que cualquier voluntad se someta a la voluntad de Dios. Todo aquello que deseo hacer, lo someto a tu voluntad. Dios, enséñame tu voluntad para mi vida".

Hay días en los que simplemente no podemos estar en una voluntad aceptable o permisiva. Nuestro deber es desear la voluntad perfecta de Dios y seguir adelante con ella hasta que avance. No deberíamos quedarnos atrapados en el pasado o con la palabra que teníamos ayer. Dios siempre está haciendo algo nuevo. "Porque la palabra de Dios es viva y eficaz" (Heb. 4:12). Algunos de nosotros seguimos atrapados porque escuchados que en una época de nuestras vidas Dios nos habló; sin embargo, no lo hemos buscado para conocer qué está haciendo en la época siguiente. Él nos dice: "He aquí que yo hago cosa nueva; pronto saldrá a luz; ¿no la conoceréis?" (Is. 43:19).

Como escogidos, debemos mantener continuamente un corazón que lo busca. Siempre debemos buscar al Señor para escucharlo y saber cuál es su voluntad en esta época. La Biblia nos dice: "Bienaventurados los que tienen hambre y sed de justicia, porque ellos serán saciados" (Mt. 5:6). Se supone que lo primero que debemos hacer es buscar el reino de Dios y su justicia para que todas las demás cosas nos sean añadidas (Mt. 6:33). Debemos poner la voluntad de Dios nuevamente en el primer lugar.

La Biblia nos dice que deberíamos amar al Señor nuestro Dios con todo nuestro corazón, y con toda nuestra alma, y con toda nuestra mente y con todas nuestras fuerzas (Mc. 12:30). Nuestras almas se conforman por nuestras mentas, voluntad y emociones. Este versículo nos dice que todo lo que conforma quienes somos debe someterse a la voluntad de Dios. Los escogidos son hombres y mujeres de Dios que caminan de acuerdo con la perfecta voluntad de Dios, para que posteriormente esa misma voluntad nos llene. Ser llenos significa estar "completos, especialmente en detalle, número o tiempo", "tener todas las características distintivas: disfrutar de todos los derechos y privilegios autorizados", "no carecer de nada esencial: perfecto", o "estar en el punto más alto o el máximo grado posible".[1] Cuando tenemos la llenura del conocimiento de la voluntad de Dios, no hay lugar para nada más. No nos hace falta nada, no necesitamos anda o no deseamos algo más. Nos sentimos completos, perfectos y en el límite máximo.

2. En toda sabiduría

Necesitamos la sabiduría de Dios, no la sabiduría terrenal, la sensual o la diabólica, sino la sabiduría pura, la que viene de la presencia de Dios. La sabiduría nos permite conocer la forma en que podemos poner en práctica la voluntad de Dios y discernir lo correcto que debemos hacer después. La sabiduría es la capacidad de plantear un sentido común y un juicio sensato cuando se trata de tomar decisiones que nos mantendrán alineados a nuestro propósito y destino. Salomón oraba para que Dios le enseñara y diera sabiduría; de esa forma enseñaría a caminar tanto dentro como fuera del reino. Dios se complació con su clamor que no solo le dio sabiduría, sino también le dio riquezas al punto de que lo convirtió en el hombre más rico de la tierra. Le dio sabiduría y entendimiento. ¿A cuántos no les encantaría tener un poco de sabiduría y entendimiento?

Dios entrega a sus escogidos grandes riquezas, grandes estrategias y gran sabiduría. Significa que la riqueza y la estrategia no estarán en manos de imprudentes. No serán desaprovechadas ni desperdiciadas Dios transfiere gran riqueza, tomando de los malvados para darla a los justos. Los justos son los escogidos, aquellos que han aceptado el llamado de caminar sin duda alguna, de acuerdo con el Espíritu de Dios. En sus manos, la riqueza que se ha acumulado se utilizará para construir el reino. La sabiduría es la pieza necesaria para cumplir con la voluntad de Dios con prudencia al momento en que la conozcamos.

Decreto que Dios liberará sabiduría sobrenatural y sabiduría espiritual. Salomón tenía la sabiduría de Dios y eso le permitió prosperar. Daniel tenía la sabiduría de Dios y prosperó, incluso en una nación pagana. Que Dios nos llene con el conocimiento de su voluntad en toda sabiduría. Deseamos sabiduría eterna. Deseamos sabiduría que viene de la dimensión de la gloria. Deseamos sabiduría que viene de la boca y del corazón de Dios. No deseamos sabiduría terrenal, sensual ni diabólica, anhelamos la sabiduría de Dios.

3. Entendimiento espiritual

Una de las grandes carencias de la tierra es el espíritu de entendimiento. Muchas personas no entienden ni la forma en que el Espíritu se mueve y trata. Con el entendimiento espiritual, no solo somos cristianos carnales, sino que vivimos en el Espíritu, con el entendimiento de cómo se mueve y trabaja y cuál es nuestra función en relación con el cumplimiento de sus esfuerzos.

El entendimiento espiritual desata la dimensión de gloria y usted empieza a entender la dimensión de los ángeles y cómo ellos lo ayudan a cumplir con su mandato de escogido. Empieza a entender la dimensión de los milagros, de los dones del Espíritu y la forma en que son testimonio de la gloria de Dios en su vida. Empieza a entender la dimensión demoníaca y la autoridad que usted posee para defender aquello que está bajo su medida de dominio. Entenderá la dimensión profética, la dimensión para la liberación y la adoración y la dimensión del reino, que son todas las partes que conforman un todo cuando se trata de vivir de acuerdo con la voluntad perfecta de Dios.

El entendimiento espiritual viene con una mente renovada. Usted es una persona con una mentalidad espiritual, es quien entiende que su morada está en la dimensión coexistente. Entiende que los recursos del cielo también son suyos ahora y no tiene que esperar hasta que alcance el cielo para aprovecharlos. Con un espíritu de entendimiento, usted deja de ser carnal. Usted tiene la mente de Cristo.

Si el diablo puede mantenerlo en una mentalidad carnal, no será de beneficio. Tendrá enemistad con Dios y como un escogido, no puede darse el lujo de vivir fuera de la presencia de Dios. Las personas con una mentalidad espiritual tienen un llamado espiritual.

Pablo dijo algo con relación al Espíritu y a sus dones, que no quiero que ignoren (1 Co. 12:1). La ignorancia espiritual es uno de los grandes impedimentos para seguir avanzando en el reino, pero ahora, yo decreto que el espíritu de engaño se quebranta. Decreto que seremos hombres y mujeres de sabiduría que operan con entendimiento espiritual. Aprenderemos a cómo movernos, vivir y mantener nuestros seres en la dimensión espiritual, en el nombre de Jesús.

4. Un camino digno del Señor

¿Qué tipo de vida vive detrás de las puertas cerradas? Veamos, podríamos ver el lugar secreto justo en el lugar de adoración, pero este lugar secreto también es el lugar donde hace aquello que cree que nadie ve. Tener un caminar digno del Señor significa que se tiene integridad. La integridad, tal como la define C. S. Lewis, trata de "hacer lo correcto, incluso cuando nadie está viendo".[2]

Nuestro anhelo es caminar dignamente en el Señor y en

la cruz de Cristo y en la sombra de su sangre. Deseamos ser hombres y mujeres de integridad, que caminan dignamente al reino y su justicia. En Efesios 4:1, Pablo dijo: "Yo pues, preso en el Señor, os ruego que andéis como es digno de la vocación con que fuisteis llamados". La palabra *llamado* aquí también se refiere a nuestra vocación. En griego, se refiere a "la divina invitación de abrazar la salvación en el reino de Dios".[3]

Como lo confirma el tema de este libro, muchos son los llamados o invitados, pero pocos son los escogidos o son pocos aquellos que aceptan la invitación. Tenemos que caminar dignos de quien nos ha escogido. Debemos tomar la responsabilidad de ser imitadores de Dios, caminando en "amor, como también Cristo nos amó, y se entregó a sí mismo por nosotros, ofrenda y sacrificio a Dios en olor fragante" (Ef. 5:2).

Caminar digno del Señor requiere un compromiso radical de nuestra voluntad para complacer a Dios.

5. Agradarlo en plenitud

Agradar a Dios en plenitud nos pide un nuevo equilibrio y fidelidad. Algunos de nosotros somos fieles a sistemas que parecen buenos, pero algo bueno y algo de Dios no es lo mismo. Algunos somo fieles a los sistemas demoníacos. Sin importar a dónde se incline nuestra lealtad, lo más importante y primordial es que rindamos nuestra fidelidad al Cordero de Dios. No podemos temer a Dios y a los hombres. No podemos amar a Dios y al dinero. No podemos servir a dos señores. No podemos vacilar entre dos opiniones, entre la vida y la muerte, entre la bendición y la maldición. Dios nos desafía: "elijan ustedes mismos a quiénes van a servir".

Debido a que nuestra meta es complacerlo totalmente a

Él, debemos estar conscientes que ni la vida ni la muerte, ni nada, podrá separarnos del amor de Cristo, ni principados, ni potestades, ni lo presente, ni lo por venir.

Tanto para muchos creyentes o no creyentes, el gran obstáculo que encontramos para agradar a Dios es que agradamos a otras personas. En ocasiones, vivimos para agradar a otros. Queremos que otros nos den palmadas en la espalda y nos diga que lo estamos haciendo bien. A veces hacemos cosas solo para que otras personas nos vean, conozcan, reconozcan, acepten y valoren. Sin embargo, los escogidos saben que son aceptados en el amado, que Dios sabe su nombre y los ve. Encuentran agrado y satisfacción en la vida ante la audiencia singular de Dios. Tienen una revelación del amor del Padre y complacerlo a Él es su único deseo.

Los escogidos no son marionetas y no se mueven por tradiciones de hombres. Nuestro compromiso es con la cruz. Jesucristo es digno de nuestro compromiso y amor. Somos adoradores de Jesús. Deseamos tener una vida que profetice a los cielos y estamos dispuestos a eliminar toda área en nuestras vidas que no busque complacer a Dios.

Así como Daniel, Sedrac, Mesac y Abed-nego, no nos inclinaremos a los sistemas y tradiciones de hombres. Nuestra postura es en Cristo. Él está en el trono de nuestros corazones y somos suyos. Amamos lo que Él ama y odiamos aquello que Él odia.

Somos quienes aman a Dios ante todas las cosas y todo lo que hacemos gira alrededor del amor de Dios. Profetizamos porque amamos a Dios. Atamos al diablo porque amamos a Dios. Estamos para recibir sus planes y propósitos y nuestro anhelo es administrar el plan de su reino en la tierra. No combatimos al diablo solo porque el diablo es maligno. No. Lo hacemos porque Dios lo odia y eso es lo que implica el espíritu verdadero del temor al Señor: amar lo que Dios ama y odiar lo que Él odia. Dios dijo que Él quería que fuéramos fríos o calientes (Ap. 3:15–16). Los escogidos tienen pasión evidente por las cosas de Dios. Somos personas conforme a su corazón.

6. Fructíferos en toda buena obra

Es probable que muchos de nosotros no seamos fructíferos porque estamos atados a muchos sistemas humanos, pero cuando viene a un lugar y dice: "Caminaré digno delante del Señor, completamente para complacerlo", es cuando se vuelve fructífero en toda buena obra. Esto sucede cuando la gloria viene sobre su vida y avanza a un momento de multiplicación porque se ha entregado a Dios. Así es, los días de ser cristianos marionetas se acabaron. Dios desea medir y ver cuáles son las ramas que producen fruto. Jesús dijo:

> "Permaneced en mí, y yo en vosotros. Como el pámpano no puede llevar fruto por sí mismo, si no permanece en la vid, así tampoco vosotros, si no permanecéis en mí.
>
> Yo soy la vid, vosotros los pámpanos; el que permanece en mí, y yo en él, éste lleva mucho fruto; porque separados de mí nada podéis hacer. El que en mí no permanece, será echado fuera como pámpano, y se secará; y los recogen, y los echan en el fuego, y arden".
>
> —Juan 15:4–6

Los escogidos permanecen en Cristo. Caminamos dignos y de acuerdo con el Espíritu de Dios. Cuando no permanecemos en Cristo, no lo buscamos, adoramos, estudiamos su palabra y aprendemos de su carácter y atributos para reflejarlos en la tierra, dejamos de ser fructíferos y de multiplicarnos.

En este tiempo es cuando aquellos que tienen un corazón para Dios y realmente caminan para Él, serán catapultados desde lo común hasta lo extraordinario. Dios se está preparando para liberar su poder sobre su vida y para que sean fructíferos en toda buena obra.

Tal vez haya pasado muchos años sirviendo tras bambalinas, pero debido a que usted ha permanecido en la vid, Dios lo está llevando hacia el frente. Dios lo hace crecer en toda buena obra. Usted será fructífero. Es posible que usted haya estado sembrando y sembrando y que no está viendo la plenitud de lo que Dios está preparándose a hacer. Dios está quebrantando el convenio que devolvía mínimos por la siembra. Esto significa que donde usted sembró mucho y recuperó muy poco, usted empezará a ver un aumento en la cosecha. Dejemos que esta sea una época de gran cosecha.

Asimismo, declaro que a medida en que usted busca los frutos abundantes, en la luz de la gloria de Dios, también recibirá claridad para conocer la voluntad de Dios para su vida. Si está haciendo un trabajo y este no es fructífero, tal vez no es lo que Dios diseño para que usted hiciera. Por lo tanto, decreto que este es un tiempo para la autoevaluación, un tiempo en el que Dios le permitirá que examine sus razones y aquello que Dios lo comisionado a hacer. Prepárese a preguntarse: "¿Por qué estoy haciendo lo que estoy haciendo?". ¿Hago esto porque es un plan de los hombres o porque soy un buen administrador? Tenga su diario a la mano, abra la palabra de Dios, abra los portales celestiales por medio de la oración y busque a Dios para recibir revelación en la misión que ha recibido. Dios se complace enormemente en la prosperidad de sus escogidos. Él se complace en ver que usted tenga frutos.

Decreto que su trabajo pasará por el fuego y solo sobrevivirá el oro puro para que pueda seguir adelante y avanzar en el reino.

7. Cómo incrementar en el conocimiento de Dios

No solo vamos a complacerlo totalmente, ser fructíferos en toda buena obra, sino también vamos a incrementar en el conocimiento de Dios. Queridos, este es el momento en que debemos conocer a Dios. El Señor dice: "Mas el pueblo que conoce a su Dios se esforzará y actuará" (Dan. 11:32).

La dimensión del reino nos muestra la imagen de quién es Dios. Quizás usted tenga una medida del conocimiento de Dios, pero Dios es pleno de sabiduría. Él es tan maravilloso, que su grandeza es inescrutable. Nunca podremos agotar lo que sabemos acerca de Dios. Siempre podemos incrementar en nuestro conocimiento del corazón y las formas en las que Dios obra. Siempre podemos conocerlo de forma más íntima, incluso cuando lo adora o se sienta a estudiar, un manto de gloria descenderá sobre usted para iluminarlo sobre el carácter de Dios. Entre más conozca a Dios, más lo amará. Entre más ame a Dios, más lo obedecerá. Entre más lo obedecemos, más expuestos estaremos a su gloria y más nos adentraremos a presenciar sus milagros. Entre más milagros veamos, más veremos cómo el reino se extiende y cómo se transforman las vidas y las comunidades. La dimensión de los milagros testifica la gloria y el poder salvador de Dios.

Seremos una generación que no se cansará del conocimiento y de la presencia de Dios. Es una atrocidad que, incluso entre los mismos creyentes, algunos saben acerca de Dios, pero no lo conocen personalmente.

¿Cuándo fue la última vez en que escuchó un mensaje que se predicaba acerca de Jesucristo? ¿Cuándo fue la última vez que predicó un mensaje sobre el conocimiento de Dios o las formas en las que obra o se mueve Dios? ¿Cuándo fue la última vez que estudió acerca de los atributos de Dios? Estos son los días en que debemos presionarnos para conocer a Dios, para conocerlo de forma personal. Nos volveremos invencibles cuando estemos en el centro de su voluntad, cuando incrementemos en su conocimiento y cuando comprendamos las formas en las que obra.

8. Fortalecidos con todo el poder

Según vaya conociendo a Dios se verá fortalecido en toda majestad, en la medida del glorioso poder de Dios. La fortaleza viene de conocer a Dios. Se convierte en una persona fortalecida en el poder de su majestad.

El espíritu de su majestad es una fuerza. Cuando esta fuerza se posa sobre usted, viene un nuevo nivel de confianza y autoridad porque habrá pasado a través del proceso de entrar en el conocimiento de la voluntad de Dios. Habrá permitido que Dios elimine las falsas fidelidades. En su corazón habrá determinado qué camino seguirá. Ahora, necesita fortaleza para vivir en ello.

Mateo 25 nos habla de la parábola de las vírgenes prudentes y las insensatas. Las vírgenes insensatas no llevaron aceite para sus lámparas; sin embargo, las vírgenes prudentes sí se aseguraron en llevar. El esposo se había tardado y no sabían cuándo llegaría, por lo que todas se fueron a dormir. Cuando el esposo llegó, las vírgenes prudentes estaban preparadas. Si lo aplicamos al contexto espiritual, estas vírgenes estaban listas para irse con Dios.

Usted, que es escogido, es importante que sepa que seremos ungidos en el espíritu. Para ello tendremos aceite del Espíritu. Vamos a movernos a un lugar en donde podamos fortalecernos con toda su majestad. El poder de Dios habita en nosotros. Seremos como las vírgenes prudentes que tendrán su reserva de aceite. Vamos a mantener nuestras lámparas arregladas y encendidas. Estamos encendidos para Dios y nuestra devoción no se apagará.

9. Sin perder la confianza

Debido a que la cultura actual es una sociedad instantánea, muchos cristianos han pasado por experiencias parecidas a la acción microondas con Dios; sin embargo, algunas situaciones necesitarán tiempo. Sin importar cuán activo sea y cuánta revelación reciba, algunas situaciones vendrán solo cuando usted madura en Dios. Podemos orar por paciencia y confianza para esperar en Dios y podemos anhelar el gozo puesto delante de Él. Cuando esperamos en Dios, Él derrama una medida de fortaleza en nuestros corazones. El salmista dijo: "Aguarda a Jehová; esfuérzate y aliéntese tu corazón; sí, espera a Jehová" (Sal. 27:14). También sabemos que el gozo que el Señor ha puesto es nosotros es nuestra fuerza.

Mi oración es que sea fortalecido con toda potestad, que incluso cuando espera por que se manifiesten algunas peticiones en su vida, usted sea inundado con gozo y gratitud, de esta manera, dejará de enfocarse en usted y empezará a hacerlo en Dios. Querido, una dimensión total de gloria está por abrirse a usted. Qué privilegio posee que podría llegar a ser partícipe de la herencia de los santos y la luz, liberado de toda obscuridad porque Cristo nos liberó del reino de las tinieblas y nos ha puesto en el reino de la luz.

Estos son nuestros mandatos como escogidos, los que se relacionan con la voluntad de Dios para nosotros. Lo desafío a tomar este pasaje de la Escritura, Colosenses 1:9–14 y orar, meditar en él, decretándolo para su vida. Lo desafío a buscar a Dios para conocer su voluntad. Tiene una invitación abierta para entrar al trono de Dios.

En búsqueda del Señor

Antes de que terminemos este capítulo, deseo compartirle algo que el Señor me ha estado hablando con relación a los cielos abiertos y los mantos de sabiduría y revelación. En este tiempo estamos presenciando una interacción divina entre el cielo y la tierra. El pueblo de Dios lo busca y Él responde. En 1 Samuel 30:8, David empieza a consultar al Señor y tengo la certeza que este es el tiempo en que tenemos que restaurar el arte de buscar al Señor. Necesitamos restaurar la práctica de detener todo en nuestras vidas, permanecer en quietud y pedirle a Dios sabiduría y revelación, sabiduría y estrategias frescas.

El Señor nos está moviendo a nuestra misión principal. Si tan solo nos humilláramos delante de Él, él nos provee revelación que cambiará nuestras situaciones. Debemos humillarnos ante el Señor para que podamos escucharlo. Dios de verdad desea que lo busquemos; sin embargo, llevar a cabo lo que nos revela también conlleva una estrategia divina. Para recibir esta estrategia debemos unirnos debajo de los cielos abiertos, los cuales abrimos por medio de la oración, humildad y adoración.

Necesitamos consultar y buscar al Señor para adquirir conocimiento y revelación de su voluntad. De esa manera, no lucharemos contra el enemigo equivocado, no desperdiciaremos recursos y no llegaremos al lugar equivocado en el tiempo incorrecto. Necesitamos consultar al Señor sobre nuestras relaciones y dónde deberíamos estar y qué deberíamos estar haciendo mientras estamos en ese proceso.

Dios remueve y quebranta tanto relaciones como todo aquello que no apunta a la misma dirección en la que nos encaminamos. No se trata de que sean malas personas, tampoco de que no sean salvas, sino de que hay personas que para su vida ocupan el lugar que Lot ocupaba en la vida de Abraham. Algunas personas y ciertas relaciones se van y terminan simplemente porque entorpecen y apagan su crecimiento. Sin embargo, Dios nos conecta con personas nuevas, personas con quienes nunca nos imaginamos que podíamos tener una alianza y que nos bendicen y son como hierro en contra de nuestro hierro, afilándonos para propósitos estratégicos.

En esta hora se liberan relaciones de alianzas de por vida, pero para ello, debemos empezar a consultar al Señor. No podemos dejar que el enemigo nos contamine con suposiciones, con las que imitamos acciones de fe de otros sin haber recibido palabra para ello y sin haber permitido que Dios facilitara la palabra de vida en nosotros.

Si desea cumplir con su destino y caminar en la plenitud del conocimiento de la voluntad de Dios, debe obedecerlo. Debemos hacer todo lo que Él nos indique que hagamos, la forma en la que nos instruya y con las personas que Él nos diga que lo hagamos. Aquí entendemos la razón por la que este es el tiempo en que Dios purifica nuestros corazones. Escuchamos a Dios por medio de nuestros corazones. Por eso es que Él dice: "quitaré el corazón de piedra y les daré un corazón de carne". Él está en proceso de eliminar de nosotros todo pensamiento y motivación deshonestos e impuros. En lugar de ello, Él permite que venga sobre nosotros el espíritu de revelación.

Él se está revelando a sí mismo a nosotros, nos revela sus patrones y estrategias. En ocasiones, nos quedamos atrapados en los detalles de lo que Dios nos ha pedido hacer. Preste atención a esto, tal vez no tengo el nombre de lo que debo hacer, pero sé cómo luce cuando lo veo. A ese punto es donde Dios quiere llevarnos. En ocasiones queremos el nombre exacto de lo que debemos hacer, pero Dios lo que quiere es que tengamos fe. Cuando dice: "Señor, no conozco el nombre, pero conozco el camino. Sé qué camino debo tomar porque Tú eres el camino, la verdad y la luz. Cuando llego a ese punto lo voy a poder ver", esa es la clase de fe que Dios necesita que tengamos, porque si conocemos a Dios, podemos confiar en Él sin necesidad de tener todos los detalles, porque al tenerlos parecería que quisiéramos tener más control que el que Él tiene. No es así. Nuestras vidas son suyas y Él es quien está en control.

Cuando empezamos a hacer cosas en la carne, empezamos a pelear nuestras propias batallas y construimos nuestros propios imperios, nos perdemos del enfoque verdadero que Dios tiene en mente para nuestros dones. ¿Qué pasa con las personas de su ámbito de influencia que están apegados a su unción? Para nosotros, esta es una época en la que debemos buscar la justicia y ser rectos con el pueblo de Dios, aquellos que Dios nos asignó. Como en el caso de Salomón, necesitamos pedirle a Dios estrategias: "Dios, ¿cómo puedo liderar a tu pueblo? ¿Cómo uso mis dones para bendecir a otro que has puesto en mi vida?".

¿Cuántas veces tomamos decisiones fuera de nuestra carne? Dios también tenía que enseñarme. Podemos dar una palabra de la forma incorrecta a las personas y crear un efecto dominó en donde sacamos sus vidas de la trayectoria y secuencia de Dios. Debemos movernos, vivir y actuar por el Espíritu.

A medida que nos acercamos al salón de su trono para consultarle al Señor, necesitamos recordarnos de su naturaleza eterna, su omnisciencia y su poder. Dios conoce todo y es omnipresente. Él está en todo lugar al mismo tiempo. Nunca ha habido un tiempo en el que Dios no estuviera presente. Él ya ha estado en su futuro. Lo sabe todo. Cuando usted trae a su mente estos atributos de Dios, recibe fortaleza.

Sigue construyendo la santidad de su fe y, por lo tanto, puede escuchar a Dios.

Esa es la razón por la que Dios dice: "No te impacientes a causa de los malignos" (Sal. 37:1). Si se impacienta no podrá escuchar.

Luego, cuando escuche a Dios decir: "Este es el camino, avanza en él", tome su posición y coloque el propósito en su corazón para obedecer a Dios. Sigo repitiendo esto porque es extremadamente importante. Una de las dificultades del tema profético es que las personas no siempre se inclinan a su profecía y empiezan a realizarla.

En ocasiones, lo que solía hacer era un tipo de espera. Conocía lo que Dios había dicho, pero quería orar más y seguir decretando al respecto. Podría dar vida a esa profecía en el espíritu, pero luego viene el tiempo en que todos tenemos que inclinarnos a nuestra profecía para hacerla. ¿Será que Dios le ha dicho: "Te he llamado para escribir libros"? Si es así, en algún momento tendrá que sentarse y empezar a escribir libros. Si Dios dice: "quiero que prosperes y tengas buena salud", necesitará asesoría para aprender a comer correctamente. Tendrá que ir al gimnasio. Tendrá que ir a saber más. Cuando recibe una palabra profética, en ocasiones tiene que hacer lo que mi esposo llama un análisis FODA, es decir, tendrá que analizar sus fortalezas, oportunidades, debilidades y amenazas. Necesitará evaluar dónde está para que pueda seguir avanzando y empezar a tomar decisiones para progresar en su destino.

Dios quiere darle revelación de su vida e impartirle un espíritu de sabiduría. Su anhelo es darle las llaves para abrir su destino, así mismo los misterios y verdad que nunca antes había conocido. Siga su propósito desde un lugar de búsqueda y consulta, donde recibe una estrategia real y no un ritual ni una corazonada. Consulte al Señor y reciba claridad absoluta. No se mueva hasta que no reciba esa claridad. El tiempo en el que vivimos no es para dar pasos equivocados.

Dios va a proporcionarle claridad. Decreto que no habrá más confusión sobre quién es usted; sin embargo, usted verá, sabrá, considerará y entenderá cuál es la voluntad del Señor para su vida.

Capítulo 8

ÁNGELES COMISIONADOS A SU DESTINO

"Pues a sus ángeles mandará acerca de ti, que te guarden en todos tus caminos".
—Salmos 91:11

En un lugar donde Dios está liberando ángeles alrededor de nosotros, esta es una nueva comisión para ellos, los ángeles nos enlazarán con nuestro destino. Los llamo ángeles del destino. Su misión está en la palabra profética que existe sobre su vida y le ayudarán a cumplirla. La Biblia los llama "espíritus ministradores, enviados para servicio a favor de los que serán herederos de la salvación" (Heb. 1:14).

¿Sabía usted que hay ángeles comisionados a su destino para ayudarlo a seguir avanzando en su camino como escogido? Los ángeles han sido comisionados para todos nosotros, para ayudarnos a pasar a nuestra siguiente estación en la vida. Muchos de los escogidos de Dios han estado recibiendo profecías acerca sus propios avances y siempre que estos vienen un adversario quiere detenernos de llegar a esa puerta. Sin embargo, Dios está liberando una nueva fuerza, un nuevo pelotón de ángeles gobernados por el Espíritu Santo para permitir que usted llegue. Ellos pelearán con usted, lo protegerán y lo llevarán a ese lugar de nuevos inicios.

Durante mi oración y tiempo de estudio, Dios ha seguido poniendo imágenes de ángeles ante mis ojos. Me desafía a seguir estudiándolos. Me ha mostrado que Él está haciendo algo nuevo con los ángeles en nombre de los escogidos. Él está presentándonos de nuevo a un pelotón de agentes sobrenaturales que reciben el llamado a nuestro favor. Para que ellos actúen a nuestra solicitud, debemos hablar lo que Dios habla. Las acciones e instrucciones que les demos deben estar alineadas con la voluntad de Dios. Los ángeles no son genios de la lámpara y no están sujetos a obedecer a la carne. Esta es la razón por la que es esencial que caminemos según el Espíritu y en el conocimiento de la voluntad de Dios para nuestras vidas.

A medida que seguimos a Dios y nos sumergimos en el Espíritu, el Señor empieza a darnos revelaciones sobre el ejército natural (usted y yo) y el ejército espiritual (el ejército angelical de los cielos) que avanzan juntos. Lo que vemos con esta colaboración es una imagen de lo natural y lo espiritual convergiendo en la dimensión espiritual coexistente.

En este capítulo, mi deseo es mostrarle cómo levantar los espíritus angelicales que han sido enviados a ministrarnos y los diferentes papeles con los que participan en las vidas de los escogidos.

"El ángel de Jehová acampa alrededor de los que le temen, y los defiende".

—Salmos 34:7

La asignación de ángeles a través de la alabanza y la adoración

Cuando existe la posibilidad de ver ángeles, también existe la posibilidad de que el Señor me pida que alce mi voz en alabanza y adoración. El diría que usted, "está asignando ángeles". Dios me ayudaba a entender que la alabanza y la adoración son los medios por los que liberamos a los ángeles para planificar las emboscadas contra nuestros enemigos. Olvidamos que en ocasiones los ángeles empiezan a moverse en favor nuestro, siempre que abramos nuestras bocas y alabemos al Señor.

Esto fue exactamente lo que hizo el Señor en 2 Crónicas 20:21–22 cuando el rey Josafat y el pueblo de Israel estaban enfrentando a un ejército poderoso con el que se veía inevitable sufrir una derrota en el ámbito natural. Buscaron al Señor para saber qué deberían hacer y esto fue lo que dijo el rey:

> Y habido consejo con el pueblo, puso a algunos que cantasen y alabasen a, Jehová, vestidos de ornamentos sagrados, mientras salía la gente armada, y que dijesen: "Glorificad a Jehová, porque su misericordia es para siempre".

Este fue el resultado:

> "Y cuando comenzaron a entonar cantos de alabanza, Jehová puso contra los hijos de Amón, de Moab y del monte de Seir, las emboscadas de ellos mismos que venían contra Judá, y se mataron los unos a los otros".

La historia dice que "Jehová puso las emboscas". Yo creo que, por medio del Espíritu de Dios, Dios asigna a los ángeles para hacer este trabajo. Su alabanza movió la mano de Dios, quien luego distribuyó a los ángeles para que pusieran las emboscadas contra sus enemigos. Vemos que cuando empezaron a adorar y celebrar al Señor, Él sintió compasión por este problema que se levantaba ante Él y decidió actuar.

En otro ejemplo, dos de los apóstoles escogidos de Dios, Pablo y Silas, estaban en prisión a causa de predicar el evangelio y sacar fuera a los demonios. Ya entrada la noche, Pablo y Silas empezaron a orar y a entonar himnos al Señor. "Entonces sobrevino de repente un gran terremoto, de tal manera que los cimientos de la cárcel se sacudían; y al instante se abrieron todas las puertas, y las cadenas de todos se soltaron" (Hechos 16:26). Creo que esta fue otra intervención angelical que finalmente llevó a que muchas vidas recibieran la salvación en el reino de Dios.

El Señor me ha dicho: "Dile a mi pueblo que estoy liberando un nuevo ejército de ángeles, ángeles de mi presencia. Estos son los ángeles de tu destino". Algunos ángeles se moverán juntamente con usted, mientras que otros, recibirán la misión dependiendo de qué les asigne usted específicamente. Son ángeles que abren puertas, que rompen cadenas, que sacuden la tierra, que ponen emboscadas, ellos son los que Dios libera cuando usted abre su boca en oración, alabanza y adoración ante el Señor y a la vista de sus enemigos.

¿Recuerda Hechos 12 que nos cuenta cuando Pedro estaba en la cárcel? La iglesia mantenía una vigilia de oración permanente, todos los días y a toda hora, a favor de él. Al mismo tiempo que ellos estaban orando, las bisagras de las puertas de la prisión se aflojaban y el ángel del Señor vino y dijo: "Levántate pronto. Y las cadenas se le cayeron de las manos. Le dijo el ángel: Cíñete, y átate las sandalias. Y lo hizo así. Y le dijo: Envuélvete en tu manto, y sígueme" (Hechos 12:7–8). Paso a paso, el ángel estaba con Pedro y lo protegía de que lo vieran los guardias, le decía qué dirección debía tomar y dejaba libres las salidas hasta que él estuvo afuera, libre de peligro.

Dios se prepara para aflojar algunas bisagras de ciertas puertas. Cuando aprende cómo alabar a Dios y dice: "Alabad a Jehová, porque él es bueno, porque para siempre es su misericordia", y cuando puede decir: "Oh, Dios, te bendecimos", incluso el enemigo que viene contra usted como un río, verá a Dios liberar a sus ángeles que acamparán alrededor de usted y milagrosamente lo llevarán de nuevo a su camino como escogido.

Ahora, familiaricémonos con el ejército de ángeles que Dios ha puesto a nuestra disposición.

Las funciones de la dimensión angelical

Salmos 103:20 nos habla de que los ángeles escuchan atentamente la voz de Dios. Los ángeles son seres con fuerza extrema. Los ángeles con espíritus poderosos que fueron enviados para ayudarnos a llegar al reino. Aunque puede ser difícil de visualizar, es importante conocer que no estamos solos. Primero, Dios nos ha dado a su Espíritu para consolarnos, guiarnos, enseñarnos y facultarnos para las misiones que tenemos como escogidos; segundo, tenemos el ministerio de los ángeles, quienes han sido enviados desde el trono de Dios para ministrar en nuestro favor. Nos dan ayuda sobrenatural.

Muchos de los que escuchan la palabra del Señor que se habla sobre sus vidas se preguntan cómo esa palabra podrá manifestarse en sus vidas. ¿Alguna vez ha recibido una palabra profética que parece casi imposible? Dios ha nombrado ángeles para hacerlo. Ellos ayudan a cumplir los propósitos divinos de Dios. Cuando hablamos y decretamos la palabra del Señor, ellos empiezan a ministrar a nuestro favor.

Los ángeles están trabajando detrás del escenario, influyendo en ciudades, naciones, gobiernos y la historia y a medida que vamos descubriendo, también son enviados a ministrar en nombre de cada persona. Y sí, los ángeles están involucrados en ayudarle a cumplir su destino y su propósito.

En Génesis 28:12, Jacob vio un portal por medio del cual ángeles subían y descendían. Este portal es Betel, la casa de Dios y la puerta del cielo. En la actualidad, la casa de Dios es la iglesia. Nosotros somos Betel.

Un portal al cielo que se abre cuando oramos, alabamos, adoramos, predicamos y profetizamos. Los ángeles suben y descienden por medio de este portal. Han sido enviado a ayudarnos y apoyarnos. Hablaré con mayor profundidad de los cielos abiertos en el capítulo 9, pero quería hacer la referencia aquí para que pueda ver en el contexto de cómo trabajan los ángeles.

Los ministerios de los ángeles

Los ángeles están conectados con los profetas escogidos de Dios y con el pueblo profético. Jacob encontró un grupo de ángeles en Génesis 32:1–2:

> "Jacob siguió su camino, y le salieron al encuentro ángeles de Dios. Y dijo Jacob cuando los vio: Campamento de Dios es este; y llamó el nombre de aquel lugar Mahanaim".

En esta porción, los ángeles fueron enviados para llevar a Jacob al lugar donde debía estar. En otras palabras, los ángeles eran parte del cumplimiento de su destino. *Mahanaim* en el versículo anterior significa "campamentos".[1] Este era un ejército angelical que había recibido el mandato de ayudar a Jacob.

La palabra profética revela y libera el destino. Dios tiene un destino para cada persona y somos responsables de descubrirlo, seguirlo y caminar en él. Entre la ayuda angelical también se envían ángeles que vayan delante de nosotros y ángeles que nos protegen. Nos ayudan contra la confrontación humana y demoníaca. Nos ayudan a superar la oposición contra el cumplimiento de su palabra.

> "Los carros de Dios se cuentan por veintenas de millares de millares; El Señor viene del Sinaí a su santuario".
>
> —SALMOS 68:17

Los ángeles fueron instrumento en la entrega de la ley. Fueron parte del momento en que se estableció el pacto entre Dios y su pueblo. Los ángeles siempre han sido parte del pacto de Dios con su pueblo. Quienes están bajo el pacto con Dios, nunca están solos. No nos han dejado solos con nuestras propias fuerzas al cumplir la palabra de Dios.

> "El que hace a los vientos sus mensajeros, y a las flamas de fuego sus ministros".
>
> —SALMOS 104:4

En unas versiones, los vientos son ángeles y a su vez, ellos son espíritus. Su labor está en la dimensión invisible. Son seres espirituales que responden a la palabra del Señor. Responden a la oración, la alabanza, la adoración, el ayuno, la predicación y la profecía. Los espíritus responden a las actividades espirituales.

> "Y yo enviaré delante de ti el ángel, y echaré fuera al cananeo y al amorreo, al heteo, al ferezeo, al heveo y al jebuseo".
>
> —Éxodo 33:2

Los ángeles van delante de nosotros para eliminar al enemigo. Van delante de nosotros para abrirnos el camino y que podamos poseer lo que nos pertenece. Con frecuencia, la palabra del Señor es una declaración que nos pertenece. No estamos solo al tratar de poseerla.

Los ángeles nos ayudan a avanzar significativamente. Los ángeles nos ayudan a superar las adversidades imposibles. Los ángeles nos ayudan a superar los gigantes y los enemigos fuertes.

Los ángeles se activan por medio de la palabra del Señor

Como ya dije casi al principio de este capítulo, una vez se ha dicho la palabra relacionada con el destino o la profecía, los ángeles son enviados para ayudarnos a cumplirlos. La palabra del Señor da vida a la actividad de los ángeles en nuestras vidas. También creo que desde el cielo se comisiona a diferentes ángeles para que nos ayuden en diferentes momentos.

> "Así será mi palabra que sale de mi boca; no volverá a mí vacía, sino que hará lo que yo quiero, y será prosperada en aquello para que la envié".
>
> —Isaías 55:11

> "Entonces él me respondió: Jehová, en cuya presencia he andado, enviará su ángel contigo, y prosperará tu

> camino; y tomarás para mi hijo mujer de mi familia y de la casa de mi padre".
>
> —Génesis 24:40

Prosperar significa tener éxito o florecer. La palabra de Dios prosperará o tendrá éxito a donde se lleve. Los ángeles pueden ser enviados delante de nosotros para prosperar nuestro camino. También podemos prosperar por medio de la profecía (Esdras 6:14).

La intercesión profética y las declaraciones proféticas son instrumentos al liberar el ministerio de los ángeles. Dios está comprometido a hacer cumplir su palabra en beneficio de sus escogidos y Él envía a sus ángeles para que ayuden a cumplir todo lo que se haga.

> "Yo, el que despierta la palabra de su siervo, y cumple el consejo de sus mensajeros; que dice a Jerusalén: Serás habitada; y a las ciudades de Judá: Reconstruidas serán, y sus ruinas reedificaré".
>
> —Isaías 44:26

Dios cumple con lo que digan sus mensajeros. Sus mensajeros eran los profetas. Dios está comprometido con su palabra y para ello, envía a los ángeles para que la provoquen y para que suceda.

> "Y me dijo Jehová: Bien has visto; porque yo apresuro mi palabra para ponerla por obra".
>
> —Jeremías 1:12

Me encanta este versículo de la Escritura. Dios cuida que su palabra se cumpla. Los Ángeles son seres con fuerza extrema para hacer la voluntad de Dios. Dios los creó fuertes para su propósito. Los ángeles son parte de lo que habla el mensajero de Dios. No tenemos la fortaleza o la sabiduría de hacer las grandes cosas que habla Dios. Los hombres se ven limitados, tanto en poder como en capacidad, para llevar a cabo el consejo de Dios. Dependemos del cielo y de sus recursos.

Podemos confiar en que Dios libera sus ángeles a favor nuestro cuando hablamos y caminamos de acuerdo con su consejo. A los ángeles se les encomiendan nuestras vidas. En otras palabras, están delegados para cubrirnos. Nos ayudan y protegen según como caminemos en el propósito de Dios para nuestras vidas.

> "Pues a sus ángeles mandará acerca de ti, que te guarden en todos tus caminos".
>
> —Salmos 91:11

Los ángeles se deleitan en escuchar el cumplimiento de la palabra profética de Dios. Los ángeles se complacen en ayudarnos para cumplir los planes de Dios. Continuamente, esperan en Dios y en su pueblo. Los ángeles aman la palabra de Dios y aman ejecutarla. Los ángeles aman la presencia y Dios y aman alabarlo y adorarlo.

> "No os olvidéis de la hospitalidad, porque por ella algunos, sin saberlo, hospedaron ángeles".
>
> —Hebreos 13:2

Los ángeles nos visitan y es posible que hayan estado aquí en forma humana sin que nos diéramos cuenta.

La adoración verdadera es la atmósfera de los ángeles y de los escogidos. Destilaron los cielos (palabra hebra *nataph* que significa "profetizar"[2]) en la presencia de Dios (Sal. 68:8). Como ya sabemos, los escogidos también aman la presencia de Dios y su palabra. Los ángeles se unen a nosotros en nuestra adoración. También escuchan la palabra del Señor.

> "A éstos se les reveló que no para sí mismos, sino para nosotros, administraban las cosas que ahora os son anunciadas por los que os han predicado el evangelio por el Espíritu Santo enviado del cielo; cosas en las cuales anhelan mirar los ángeles".
>
> —1 Pedro 1:12

Los ángeles tienen un gran deseo de examinar aquello de lo que Dios habla. Están interesados en sus planes proféticos y verlos hacerse realidad. Creo que se regocijan en el cumplimiento de su palabra.

A menudo, los ángeles están detrás de los profetas y ministran dones cuando ellos predican. Es lo que hemos visto muchas veces en nuestros servicios. Con frecuencia, los ángeles están en la plataforma. Son parte de lo que predicamos y declaramos.

> "He aquí yo envío mi ángel delante de ti para que te guarde en el camino, y te introduzca en el lugar que yo he preparado. Guárdate delante de él, y oye su voz; no le seas rebelde; porque él no perdonará vuestra rebelión, porque mi nombre está en él. Pero si en verdad oyeres su voz e hicieres todo lo que yo te dijere, seré enemigo de tus enemigos, y afligiré a los que te afligieren".
>
> —Éxodo 23:20–22

La desobediencia puede irritar a los ángeles

Incluso los ángeles pueden sentirse irritados. Dios advirtió a Israel que no fuera a provocar al ángel que les enviaba. La desobediencia a la palabra y a la voz del Señor puede irritar a los ángeles. "Irritar" es la palabra hebrea para *marar*, que significa amargar o hacer enojar.[3] Este es un pensamiento serio. A los ángeles no les agrada que la palabra de Dios no se obedezca. Los ángeles dan alto honor a la palabra del Señor. Están comprometidos con Dios y con su palabra.

> "Y oró Eliseo, y dijo: Te ruego, oh Jehová, que abras sus ojos para que vea. Entonces Jehová abrió los ojos del criado, y miró; y he aquí que el monte estaba lleno de gente de a caballo, y de carros de fuego alrededor de Eliseo".
>
> —2 Reyes 6:17

Por lo tanto, los ángeles están totalmente comprometidos con la palabra de Dios y en ver que se haga realidad. Son siervos fieles de Dios y fieles a nosotros, así como cuando analizamos y obedecemos la palabra de Dios. El profeta Elías estaba consciente de las fuerzas celestiales y oraba a Dios que abriera los ojos de su sirviente.

"Entonces Jehová abrió los ojos de Balaam, y vio al ángel de Jehová que estaba en el camino" (Nm. 22:31).

Este ángel fue enviado a resistir contra Balaam, a quien Balak había llamado para que maldijera a Israel. Ballam fue perdonado y profetizó bendiciones sobre Israel, lo cual molestó a Balak.

Nuestra intención no es irritar a los ángeles. Deseamos que estén de nuestro lado, ayudándonos. Son excelente ayuda, pero también pueden ser formidables enemigos. Cuando nos sometemos a los propósitos proféticos de Dios, los ángeles serán nuestros amigos y no nuestros enemigos. Nos ayudarán a tener éxito y a cumplir con la palabra profética de Dios y el plan para nuestras vidas.

Los ángeles ayudan a llevar a cabo los juicios de Dios

> "Al momento un ángel del Señor le hirió, por cuanto no dio la gloria a Dios; y expiró comido de gusanos."
>
> —Hechos 12:23

Cuando los profetas declaran juicios, los ángeles pueden ser liberados para hacer cumplir esas declaraciones. Los ángeles ayudan a llevar a cabo los juicios de Dios. Tanto las personas como las naciones pueden estar bajo juicios que estén a cargo de los ángeles. Dios cuida que su palabra se cumpla. Dios puede usar ejércitos humanos y ejércitos angelicales para liberar juicios. Los ángeles son parte de los juicios que se liberan del libro de Apocalipsis.

> "Porque yo ampararé esta ciudad para salvarla, por amor a mí mismo, y por amor a David mi siervo. Y aconteció que aquella misma noche salió el ángel de Jehová, y mató en el campamento de los asirios a ciento ochenta y cinco mil; y cuando se levantaron por la mañana, he aquí que todo era cuerpos de muertos. Entonces Senaquerib rey de Asiria se fue, y volvió a Nínive, donde se quedó".
>
> —2 Reyes 19:34–36

Un ángel destruyo el campamento de los asirios después de que Isaías liberara la palabra del Señor a Ezequías. Se trataba de un cumplimiento inmediato. Nuevamente, muestra el poder los ángeles y su obediencia a la palabra del Señor.

Los escogidos están conectados con la dimensión angelical. La dimensión invisible responde a nuestros mandatos según nos vamos alineando a la voluntad de Dios. Nuestras palabras son espíritu y vida y son los contenedores espirituales de la voluntad y propósitos de Dios. Es importante que crezcamos en nuestro entendimiento de cómo la dimensión angelical no presta su servicio.

Decreto ahora que los cielos se abrirán y los ángeles serán liberados en la forma en que Dios los ordenado. Desato ángeles para que suban y desciendan la escalera y las puertas del cielo para nuestro beneficio. Desato la protección angelical sobre las vidas y las misiones de los escogidos de Dios. Decreto que escucharemos la voz del destino que nos empuja hacia adelante y que los ángeles del destino estarán con nosotros. Decreto que los ángeles nos enlazarán con nuestro destino y las personas que nos ayudarán a lo largo del camino. Desato ángeles que nos ayudan a prosperar y a subir en lo que hacemos, ángeles del destino y propósito para ministrarnos en esta época.

Capítulo 9

EL CORAZÓN DE LOS ESCOGIDOS

"Mas ahora tu reino no será duradero. Jehová se ha buscado un varón conforme a su corazón, al cual Jehová ha designado para que sea príncipe sobre su pueblo".
—1 Samuel 13:14

Los escogidos son personas conforme al corazón de Dios. Reflejan el corazón y la rectitud de Dios. Los escogidos viven a partir de la integridad que hay en sus corazones. Confían en Dios para extraer sus corazones de piedra y reemplazarlos con corazones de carne. Seguirán siendo transformados de gloria en gloria. Están dispuestos a recibir el proceso de purificación. Los escogidos no están interesados solo en ser correctos, están desesperados en verse justos a los ojos de Dios. Buscan primero el reino y la justicia de Dios. En el caminar diario en nuestro mundo, nos esforzamos arduamente por desarrollar nuestras destrezas y la pericia que tenemos; sin embargo, los escogidos desarrollan su integridad y sus corazones.

Los escogidos también portan lo que llamo un manto de humildad. La Biblia dice que Dios resiste al soberbio y da gracia a los humildes (Stg. 4:6). Los escogidos saben esto y, ante todo, buscan permanecer humildes. A los ojos del mundo, la humildad, el quebrantamiento y la sumisión se consideran debilidad, pero en la dimensión de los escogidos, son claves secretas para fortaleza y gracia espiritual. Porque su poder se perfecciona en mi debilidad (Vea 2 Corintios 12:9).

El corazón de los escogidos es pesado con el peso eternal de la gloria de Dios. Son el pueblo de la presencia. Aman la gloria de Dios y aman crear una atmósfera en donde la presencia de Dios puede habitar. Esto no solo sucede en adoración sino también en su vida diaria, al salir, al entrar y al cumplir con las designaciones divinas. Todo su estilo de vida refleja el corazón de adoración y el amor que tienen para Dios. Son sensibles a la gran responsabilidad que Dios ha colocado en ellos, la cual los lleva a llenar la tierra con su gloria.

En el corazón de los escogidos hay adoración. Cuando necesitan escuchar a Dios, adoran. En tiempos de confusión, adoran. Cuando adoran, desciende sabiduría y riqueza. Dios está tratando de liberar creatividad, ideas, soluciones y mucho más, por medio de la adoración que brinden sus escogidos para recibirlas.

Para algunos de ustedes, tener un corazón conforme a Dios es su único deseo. Sin embargo, podría encontrarse en un lugar en donde sienta que ha perdido favor en la presencia del Señor, donde una vez experimentó cielos abiertos y ahora siente que algo ha cambiado. Primero, quisiera que sepa que hay épocas distintas para la vida de los escogidos. Todos pasamos por primavera, invierno, verano y otoño en el Espíritu. Hablo acerca de estas diferentes épocas en mi libro

La unción de Débora, por lo que no profundizaré mucho aquí. Existen tiempos como la época del invierno en donde Dios trata con nuestro carácter y se prepara para lanzarnos a nuevos lugares. Sin la corrección y la disciplina de la época del invierno, no podemos mantener el flujo de bendición e incrementar lo que viene en la próxima época.

Sin embargo, a medida que ve con expectativa la época que está por venir en su camino de escogido, quiero darle algunas cosas que Dios me ha dado y que lo ayudarán a mantener un cielo abierto. El deseo de un hijo escogido siempre es estar en el lugar de favor con Dios. Deseamos complacer a Dios con todo nuestro ser. Cuando el cielo está abierto en nuestras vidas, cuando el rostro de Dios brilla sobre nosotros y cuando estamos en comunicación abierta con Él, escuchamos su voz en cada oración, alabanza y ruego, es cuando nuestros corazones están centrados en Dios. Sin sentimientos veremos más gloria. Sabemos que el pecado y la maldad pueden sacarnos de ese lugar, pero también hay ocasiones en las que Dios está en silencio que para los escogidos no significa que hayan caído del favor de Dios, sino que él está preparando algo mayor para nosotros.

Dios está creando el impulso. Su poder y gloria están en lo alto, se elevan diariamente. Entonces, no se quede atrapado en lo que ve a su alrededor. Mantenga sus ojos en las cosas de arriba. Todo lo que dirija su corazón a lo que le interesa y que se interpone en su camino está siendo eliminado. Como lo hablamos en el capítulo 6, hay fortalezas que están eliminando las mentalidades y líneas generacionales de los escogidos. Bien, aunque posiblemente no se sienta en el centro del corazón de Dios, sepa que sí lo está. La razón es que Él lo escogió y comisionó para llevar fruto. Usted habita en la nube de gloria. Usted es del pueblo de la presencia. Usted verá grandes manifestaciones de la gloria de Dios porque todo lo que necesita es su gloria. La sanidad es parte de la gloria. La liberación es parte de la gloria. La riqueza es parte de la gloria. Las estrategias son parte de la gloria. Dios está liberando sobre usted una dimensión fresca de su gloria porque tiene un corazón conforme al de Dios.

Cuando Dios libera su poder sobre nosotros por medio de los done y la unción, tenemos que mantener el impulso en movimiento. No es momento para relajarnos sino para seguir buscando a Dios. Es tiempo se mantener corazones despiertos por medio de la adoración, oración, estudio bíblico y fe. Es la época en que su gracias está en nuestras vidas y sentimos el viento de su Espíritu contra la propulsión que nos lleva hacia él. Para mantener nuestros corazones preparados con la energía de la presencia de Dios, debemos aprender a movernos con Dios. Aquí es donde la obediencia forma parte.

Un corazón de obediencia.

A medida que entramos en épocas en las que Dios libera gran cantidad de su poder y gloria, tenemos que aprender a aprovecharlos. La obediencia nos ayuda a mantener nuestra posición en Dios. Como cuando le dijo a Esaú en Génesis 4:7: "Si bien hicieres, ¿no serás enaltecido?". La obediencia es una forma de demostrar nuestro corazón de amor para Dios. Jesús dijo: "Si me amáis, guardad mis mandamientos" (Juan 14:15). No hay sustitutos para la obediencia. El salmista David, quien Dios dijo que era conforme a su corazón, dijo: "Porque no quieres sacrificio, que yo lo daría; no quieres holocausto. Los sacrificios de Dios son el espíritu quebrantado; al corazón contrito y humillado no despreciarás tú, oh Dios" (Sal. 16–17). La palabra *contrito* en este versículo significa "estar triturado".[1] El diccionario *Merriam-Webster* lo define como un "sentimiento o muestra de tristeza y remordimiento por un pecado o carencia" "apologético" o "arrepentido".[2] Dios acepta el corazón que obedece y el que se arrepiente cuando no nos sentimos plenos.

Imagine por un momento que Dios habla a su corazón para darle ciertas tareas y luego le dice: "Quiero que hagas un ayuno de tres días". Sin embargo, usted está saliendo de un ayuno y dice: "Señor, justo el mes pasado terminé un ayuno de tres meses, después de la conferencia a la que asistí".

Conforme vaya desarrollando en usted el corazón de un escogido, usted sabrá la importancia de obedecer a Dios, incluso cuando parezca difícil o fuera de lo normal. Sí, así es, usted ayunó en ese tiempo. ¿No cree que Dios ya lo sabía? ¿No acaso Dios estaba con usted en ese momento? Es posible que Él lo esté guiando hacia un forma diferente o fresca para bendecirlo. Él desea prepararlo para recibir la plenitud de un nuevo entendimiento acerca de algo que lo ayudará en la época que viene.

Hay dos cosas importantes que hay que recordar: 1) Dios está comprometido con su crecimiento y con su triunfo. 2) La dimensión de los escogidos se trata de operar, tanto en la dimensión natural como en la sobrenatural, con facilidad y gran destreza. No puede renunciar a ser obediente a Dios. Un corazón obediente es un corazón firme y estable. Un corazón con doble ánimo, lo perderá rápidamente. La obediencia permite que salga del estancamiento y lo regresa a una postura en donde puede escuchar nuevamente a Dios.

Dios quiere que sus escogidos mantengan firmeza de corazón para que Él pueda descargar nuevas cosas en su interior y así, usted pueda cumplir con su propósito.

Un corazón con destino y propósito

Dios quiere crear en cada uno de nosotros un corazón con destino y propósito. Él desea que tomemos decisiones siguiendo su propósito. Él nos da el espíritu de sabiduría para que sepamos cómo operar en nuestra época. La Biblia nos dice que hay un tiempo y una época para todo. Tal vez Dios le dio instrucciones para hacer algo hace dos meses y no funcionó. Es posible que se debió a que viene una época en la que usted estará bajo cielos abiertos y ahí, será más fácil para usted y ahí, el plan funcionará. En ocasiones, escuchamos una palabra del Señor que se anticipa a la época para lo cual vamos lograr esa misión. Debemos aprovechar el momento para escuchar el corazón de Dios cuando esa época esté actuando sobre nosotros. Cuando actuamos según la época, las limitaciones que hay en nuestras vidas se eliminan.

En esta hora, Dios está liberando nuevas tareas para sus escogidos. Debemos tener un corazón conforme al corazón de Dios para estar sensibles a lo que Él nos manda a hacer. Debemos tener la mentalidad de que lo vamos a hacer. Debemos saber quiénes somos en Él y en la tierra. Debemos conocer hasta dónde llega nuestra medida de dominio. Algunos de nosotros seremos grandes emprendedores que formen empresas que reconstruyan la economía en nuestras comunidades y vecindarios, que creen fuentes de trabajo y oportunidades de crecimiento. Otros plantaremos y edificaremos iglesias. El destino y el propósito de los escogidos es construir el reino de Dios en las regiones geográficas en donde nos haya enviado y donde permanezcamos dentro de la dimensión de nuestros dones.

Debemos liberarnos de los ciclos perpetuos de vida donde no funcionamos y de los sucesos que se hayan dado en nuestra línea generacional. Dios está liberando a sus escogidos para que puedan ser libres para llevar la gloria que nos ha encomendado. Él está llamándonos a cada uno para ser el mejor del grupo, el primero en nuestras familias, de ser necesario. Si nadie más lucha por libertad y prosperidad, por bondad y favor de Dios, nosotros sí lo haremos. Seremos los ungidos que quebrantarán aquello que no funcione bien en nuestras generaciones. Seremos los utensilios que él use para quebrantar los espíritus de pobreza, carencia e ignorancia. Hay una descarga fresca de la sabiduría de Dios y de prosperidad. Hay una descarga fresca de ayuda angelical y de las llaves de la autoridad. Él está liberando todos los recursos celestiales para colocarlo en el camino de su destino y su propósito. Por ello, tenemos que configurar nuestros corazones para que caminemos de forma íntegra en este tiempo.

Un corazón arrepentido

El arrepentimiento es la forma en que regresamos el reloj del tiempo de Dios y con lo que nos volvemos a colocar en Él, en el camino de la vida. El arrepentimiento corrige nuestra vista espiritual cuando no encontramos a Dios. Cuando entendemos que Dios no se está moviendo de la misma forma como lo hacía antes, vemos las cosas de forma diferente. Tenemos una perspectiva diferente. Según la nueva perspectiva que tengamos, así recibiremos una unción poderosa hacia el arrepentimiento.

Pedir disculpas por esto o por aquello no es verdadero arrepentimiento. El arrepentimiento genuino significa que ahora usted posee el impulso para dejar sus viejos caminos, basándose en esa nueva información o el nuevo encuentro que tenga con el Señor. Ahora, cuando usted se ve en su pecado o con el pensamiento equivocado a la luz de la gloria de Dios, usted regresa. Ahora, cuando usted ve su falta de compromiso o aquel problema en su carácter que Él le muestra a la luz de la gloria de Dios, usted regresa. Ahora que usted entiende es tan importante el cielo, el reino, la iglesia y los tiempos de reunión, usted regresa. Al regresar es como dar un giro de unos 180 gracias e ir en la dirección opuesta de donde se estaba dirigiendo. Eso es arrepentimiento. Usted regresa de su pecado cuando usted lo ve expuesto a la luz de la verdad de Dios.

Está por venir un enorme giro de los corazones del pueblo de Dios. Al inicio de este capítulo mencioné cómo mantener los cielos abiertos. Mantener los cielos abiertos sobre su vida está relacionado con la postura de su corazón. El corazón de los escogidos habita bajo los cielos abiertos porque mantienen corazones rectos. No se trata de perfección. Confiadamente podemos decir que después de leer la historia, David no era perfecto y, aun así, Dios dijo que él era un hombre conforme a su corazón. David mantuvo su corazón abierto y sincero al Señor. Se sometió a la corrección de Dios muchas veces y rápidamente se arrepintió de lo malo que había hecho. Los cielos se abrieron sobre la vida de Dios y él vio victoria tras victoria.

Un corazón de amor

Cuando los cielos se abren, Dios empieza a trabajar en nuestros corazones. Empezamos a vernos a nosotros mismos y a nuestro llamado en la misma forma en que Dios lo ve. Nosotros mismos nos exponemos mal cuando nos vemos con nuestros propios ojos, esto afecta nuestra capacidad de funcionar de acuerdo con el plan con el que Dios nos creó. Este es el problema de aborrecimiento propio que el enemigo ha dejado suelto en nuestra generación, cuando nos empezamos a aborrecer nosotros mismos. No nos gusta la forma de nuestras narices. No nos gusta cómo nos vemos. Tal vez sin intención de decirlo, no nos gusta la forma en la que Dios nos creó. No estamos cómodos en la familia con la que estamos. Es casi una tendencia y algo que encontramos hasta cómico a veces, la falta de aprobación propia que sentimos. Sin embargo, esto es como una pendiente resbaladiza que nos acerca a odiar a Dios. Fuimos hechos a la imagen de Dios. Somos el reflejo de su gloria en la tierra. Si nos odiamos a nosotros, odiamos a Dios. Necesitamos sanar. Necesitamos un cambio de corazón. Necesitamos una nueva perspectiva. Necesitamos arrepentimiento.

La Biblia dice que no deberíamos tener un concepto más alto del que debemos tener (Ro. 12:3). Muchas veces, la religión interpreta esta escritura como: "Eres muy orgulloso. Debes ser humilde". Por supuesto, deberíamos ser humildes, pero también somos poderosos en el Señor. Hemos sido creados como una obra formidable y maravillosa. Podemos ser humildes sin odiarnos, sin desaprobarnos y sin autodestruirnos.

Dios quiere que usted sepa que Él no cometió errores cuando empezó a formarlo en el vientre de su madre. Usted ha sido tejido e hilvanado con un propósito. Dios le dio intelecto, deseos y pasiones que lo dirijan para tomar las diferentes misiones y tareas que glorifican y honran el nombre de Dios. Previamente, él ha definido las horas y los límites de su habitación. Él conoce la razón por la que lo colocó en Sudáfrica, México, India o Inglaterra. Él conoce la razón por la que usted recibió la comisión del vecindario o la iglesia a la que asiste. Él fabricó todo el alrededor para colocarlo en un lugar de fecundidad, multiplicación, destino y propósito. No podrá mantener los cielos abiertos para estas áreas de su vida si usted no se ama a sí mismo y se ve en la misma forma en la que Dios lo ve.

En Mateo 22:39, Jesús dice: "Amarás a tu prójimo *como* a ti mismo". Si Jesús lo ama y lo valora lo suficiente como para morir por usted, también usted debería amar lo que Él ama y lo que Él valora. Debe entender esto: puede amar a otros únicamente en la medida en la que usted se ama a sí mismo. El amor por Dios y el amor por su pueblo son los conductores dominantes para cumplir su propósito.

Sepa que Dios lo ama y su mano de favor está sobre usted. Usted es importante para Él y usted es importante para sus planes y propósitos en la tierra.

Corazón abierto, cielos abiertos

Permítame darle una rápida definición de los cielos abiertos. Los cielos abiertos tratan de un aumento prominente en una época específica de la dimensión sobrenatural que invade la natural.[3] Es una época que Dios aparta para una iglesia, una persona y en ocasiones, una región, cuando el poder sobrenatural empieza a invadir lo sobrenatural. Cuando los cielos se abren, Dios desciende y lo escucha. Sus sentidos espirituales se agudizan y por eso, su oído escucha de forma diferente. De la misma manera en que usted tiene sentidos naturales, también tiene sentidos espirituales. De la misma manera en la que ve la dimensión natural, el Espíritu Santo lo ungirá para ver en el Espíritu.

Usted puede preguntar: "¿Por qué necesitamos ver en el Espíritu?".

La respuesta es que hemos estado caminando mucho más allá de nuestras bendiciones y oportunidades divina y no lo sabíamos.

Dos ejemplos en la Escritura hablan de cielos abiertos desde donde podemos extraer estrategias para implementar en nuestras vidas que nos ayudarán a mantener los cielos abiertos. La primera está en Génesis 28:12–14:

> "Y soñó: y he aquí una escalera que estaba apoyada en tierra, y su extremo tocaba en el cielo; y he aquí ángeles de Dios que subían y descendían por ella.
>
> Y he aquí, Jehová estaba en lo alto de ella, el cual dijo: Yo soy Jehová, el Dios de Abraham tu padre, y el Dios de Isaac; la tierra en que estás acostado te la daré a ti y a tu descendencia. Será tu descendencia como el polvo de la tierra, y te extenderás al occidente, al oriente, al norte y al sur; y todas las familias de la tierra serán benditas en ti y en tu simiente".

Imagínese esto: había una escalera. Cuando los cielos estaban abiertos en el sueño de Jacob, los ángeles empezaron a subir y a descender. Había mucha actividad. Veo a los ángeles llevando hacia arriba las oraciones y descendiendo con las respuestas. Para nosotros, existe una escalera espiritual. Esta es la época en la que los cielos se abren y la oración es la clave para mantenerlos abiertos.

Oramos. Declaramos. Tener acceso al cielo no solo se trata de atar y soltar. Se trata de que sus oraciones suben y las respuestas descienden. Necesitamos respuestas estratégicas, revelación, estrategia e instrucciones para esta época. Necesitamos ver el cielo manifestado en cada área de la tierra. Lo que hace posible los cielos abiertos son las oraciones.

El rey Salomón es nuestro segundo ejemplo. En 1 Reyes 3:6–15, Salomón pidió sabiduría en oración. Esta oración demuestra el corazón de un escogido, abierto a que Dios le enseñe, guíe y dé los recursos celestiales según el llamado que Él le da para una nueva misión. Salomón oraba.

> "Tú hiciste gran misericordia a tu siervo David mi padre, porque él anduvo delante de ti en verdad, en justicia, y con rectitud de corazón para contigo; y tú le has reservado esta tu gran misericordia, en que le diste hijo que se sentase en su trono, como sucede en este día. Ahora pues, JEHOVÁ Dios mío, tú me has puesto a mí tu siervo por rey en lugar de David mi padre; y yo soy joven, y no sé cómo entrar ni salir. Y tu siervo está en medio de tu pueblo al cual tú escogiste; un pueblo grande, que no se puede contar ni numerar por su multitud. Da, pues, a tu siervo corazón entendido para juzgar a tu pueblo, y para discernir entre lo bueno y lo malo; porque ¿quién podrá gobernar este tu pueblo tan grande?

En este capítulo me ha llamado la atención las características de cómo es un corazón escogido. Una de las características más poderosas es la humildad. Salomón había sido criado en las cortes reales de Israel. Creció con lo mejor y muchos privilegios se le habían otorgado. Sin embargo, en su oración él enfatiza su falta de experiencia y de conocimiento, así como como la ineptitud al ser un rey sobre el pueblo escogido de Dios. Él sabía bien que en sí mismo, él no tenía lo que se necesitaba para gobernarlos. Este es el epítome de corazón humilde de los escogidos. No se minimizó y dijo: "No, Dios. Debes tener al equivocado. No puedo hacerlo. No, gracias". En lugar de ello, lo veo a través de ojos claros y me doy cuenta de que, sin la ayuda de Dios, él no hubiera triunfado para hacerse cargo de un papel tan importante. Dios no siempre escoge a los capacitados; capacita a los escogidos.

En el caso de Salomón, Dios estaba complacido al ver la posición del corazón de Salomón, para lo que abrió las ventanas de los cielos por encima del tiempo que Él tenía para gobernar sobre Israel. Y le dijo Dios:

> "Porque has demandado esto, y no pediste para ti muchos días, ni pediste para ti riquezas, ni pediste la vida de tus enemigos, sino que demandaste para ti inteligencia para oír juicio, he aquí lo he hecho conforme a tus palabras; he aquí que te he dado corazón sabio y entendido, tanto que no ha habido antes de ti otro como tú, ni después de ti se levantará otro como tú. Y aun también te he dado las cosas que no pediste, riquezas y gloria, de tal manera que entre los reyes ninguno haya como tú en todos tus días. Y si anduvieres en mis caminos, guardando mis estatutos y mis mandamientos, como anduvo David tu padre, yo alargaré tus días".
>
> —1 Reyes 3:11–14

Salomón no ideó ni manipuló la oración que elevó a Dios. Desde su corazón fluyó una oración que reveló su máximo deseo, el cual era dar honor a Dios y agradarlo al gobernar bien a su pueblo. Santiago 4:3 dice que cuando oramos, pedimos y no recibimos porque pedimos mal o porque pedimos con intención y expectativas equivocadas. Y es que lo que recibimos como respuesta a nuestras oraciones, lo deseamos usar para nuestros propios deleites. Como ya hablamos antes, hay mucho atesorado para los justos, pero no se liberarán para los corazones egoístas, que buscan solo para sí mismo, que buscan complacer a los hombres o sus propios deleites.

Gran riqueza viene para las personas cuyos corazones son conforme al corazón de Dios. Tienen un trabajo maravilloso y poderoso por hacer, el cual necesita la liberación del cielo para poder cumplir con la misión dada. La oración es la clave para liberar la sabiduría y la riqueza de Dios sobre sus escogidos.

Cuando los cielos se abren, los ángeles suben y descienden, se mueven en nuestro favor y como una respuesta a nuestras oraciones. En el primer ejemplo vemos los cielos abiertos y cómo Dios incrementó, aumentó e impartió bendición para Jacob, su familia y todas sus generaciones futuras. Dios dijo: "Será tu descendencia como el polvo de la tierra, y te extenderás al occidente, al oriente, al norte y al sur; y todas las familias de la tierra serán benditas en ti y en tu simiente". (Gn. 28:14).

Cuando los cielos se abren, Dios empieza a extenderse y rompe las limitaciones de su vida. Dios quiere bendecir a sus escogidos para que todas las familias de la tierra reciban bendición. Él quiere extender su medida de dominio porque no hay límite en la expansión del reino de Dios. ¿Por qué? Porque Dios está con usted, Dios pone su nombre sobre usted y por medio de sus oraciones, usted permite que los cielos se abran sobre usted. Ahora mismo, ángeles suben y descienden, se mueven a su favor, llevan a cabo acciones y órdenes que van en sus oraciones.

Usted es invencible

Cuando los cielos se abren, nada puede detenerlo de caminar en su destino y de alcanzar el propósito para el cual Dios lo envió. Dios necesita que usted adquiera esta perspectiva en su corazón. Una vez Dios o ha decretado en los cielos, así se hará en la tierra. Usted es el único que puede impedir su destino. Dios le dijo a Jacob que Él estaría a su lado y lo guardaría por dondequiera que fuera. "Y volveré a traerte a esta tierra; porque no te dejaré hasta que haya hecho lo que te he dicho" (Gn. 28:15). Todo lo que Dios decrete, eso se hará.

En este tiempo, Dios quiere aumentar nuestra fe. Necesitamos fe, no en nuestras capacidades sino en la de Él. No podemos poner atención en nosotros, ni en lo que tenemos, ni de donde vinimos. Debemos mantenernos viendo a Jesús, al autor y consumador de la fe. Debemos entender que Él es el único que pudo haber dado inicio a toda esta aventura. Él lo escogió. Usted fue su idea. Siempre ha estado en la mente de Dios. Salmos 139:17–18 dice: "¡Cuán preciosos me son, oh Dios, tus pensamientos! ¡Cuán grande es la suma de ellos! Si los enumero, se multiplican más que la arena".

¿Puede usted contar los granos de la arena? Nadie puede contarlos. Dios se prepara para bendecirnos de tal manera que será como la arena. Es algo que nunca hemos visto antes. Será tan grande que la gente empezará a darse cuenta, así como pasó con la reina de Sabá, quien pudo apreciar la enorme bendición que Dios ordenó para la vida de Salomón. Cuando las personas vengan y le pregunten cómo y por qué, recuerde que debe señalar directamente a Jesús.

Dios está trabajando en que sus escogidos sean señales y maravillas para esta generación. Una señal es una marca. Dios pone una marca distintiva en nosotros. Nos han dado una misión por hacer. Y nosotros seremos quienes lleven a otros a Jesús.

Las puertas del cielo están abiertas

> "Y despertó Jacob de su sueño, y dijo: Ciertamente Jehová está en este lugar, y yo no lo sabía. Y tuvo miedo, y dijo: ¡Cuán terrible es este lugar! No es otra cosa que casa de Dios, y puerta del cielo".
>
> —Génesis 28:16–17

Nuestras oraciones abren las puertas de los cielos. Esta dimensión espiritual coexistente siempre ha estado activa; sin embargo, Jacob no había vivido esto sino hasta que Dios abrió sus ojos. Según vaya aumentando en adoración, oración y estudio bíblico y según el Espíritu Santo vaya abriendo sus ojos y oídos a la dimensión profética, así también las bendiciones, milagros, encuentros con Dios y despertares serán su forma de vida. Sus oraciones invocan la presencia de El Shaddai, Dios todopoderoso, en su situación. Este es el nombre que Dios usa en Génesis 28:13, cuando Dios estableció su presencia en la vida de Jacob.

El nombre de Dios todopoderoso indica que Él tiene todo el poder, toda la fuerza y toda la suficiencia. Cuando Dios revela su nombre, también revela su naturaleza, su carácter y sus atributos. Cuando Dios se revela a sí mismo como Dios todopoderoso, eso significa que todo el poderío, todo el poder y toda la suficiencia están en usted y en mí. Todo el cielo nos está respaldando.

Si usted tiene un sueño en su corazón, este es el momento de unir todas las piezas sobre la mesa porque el cielo está liberando todos los recursos para ese sueño. Si usted anhela esa casa, Dios ahora le dice que es el tiempo para buscarla porque el cielo está liberando los recursos. Si necesita un milagro, Dios quiere que libere los recursos del cielo. Muchos milagros, señales y maravillas esperan su liberación para esta generación. Él anhela un pueblo hambriento, un pueblo que sepa cómo abrir las puertas, que sepa cómo adorarlo y que sepa cómo bendecir su nombre.

Dios anhela usar su gloria para abrir nuestros ojos, oídos y corazones. Su deseo es aumentar la altura de nuestra capacidad sobrenatural. su deseo en aumentar la sensibilidad de lo que sucede en los cielos y en la dimensión espiritual. Usted ha sido escogido para llevar la gloria de Dios. Usted ha sido escogido para que el nombre de Dios sea conocido. Usted ha sido escogido para operar en la bendición y para moverse en poder. Usted ha sido escogido para ser una manifestación de Él. ¿Sabe quién es usted?

Si ha respondido al llamado de Dios y ha aceptado su plan para su vida, "eres pueblo santo a JEHOVÁ tu Dios, y JEHOVÁ te ha escogido para que le seas un pueblo único de entre todos los pueblos que están sobre la tierra" (Deut. 14:2). Él le dice: "estoy liberando y cumpliendo cada promesa que te he hecho".

Dios ha puesto cosas en su corazón, cosas con las que soñó y que, con el tiempo, quizás haya sentido que era muy difícil lograrlas por cualquier razón y simplemente las dejó a un lado. Déjeme decirle que Dios está dando un nuevo aliento de vida a esos sueños. Él lleva a cabo las promesas y lo hará para usted lo que usted no puede hacer para usted mismo. Eso es lo que significa tener El Shaddai viviendo en su interior.

Dios lo ama y siempre está listo para bendecirlo. Recuerde que Él lo escogió y si usted responde a ese llamado, todos los beneficios de los escogidos están preparados para usted. Solo necesita un corazón comprometido. El enemigo tratará de distraernos con problemas y alejarnos de los sueños y del destino que Dios puso en nuestros corazones. Sin embargo, en lugar de permitirle que se pierda la oportunidad de obtener la promesa y de cumplir sus sueños, levante sus ojos y mire a Jesús. Él envió su Espíritu para que lo ayude. El creador del cielo y de la tierra está listo para dejar ver su gloria en su vida. Él está listo para liberar su favor en su vida. Todo lo que tenemos que hacer es mantener ese portal abierto con corazones abiertos de oración, humildad y obediencia.

Capítulo 10

ESCOGIDOS INEXCUSABLEMENTE

"Levántate, resplandece; porque ha venido tu luz, y la gloria de Jehová ha nacido sobre ti. Porque he aquí que tinieblas cubrirán la tierra, y oscuridad las naciones; mas sobre ti amanecerá Jehová, y sobre ti será vista su gloria".
—Isaías 60:1–2

BRILLE DESLUMBRANTE COMO un diamante. Sí, así es. Usted es un escogido. A partir de este día, no permita que nadie disminuya su luz. En Mateo 5:14–16 Jesús dijo: "Ustedes son como una luz que ilumina a todos. Son como una ciudad construida en la parte más alta de un cerro y que todos pueden ver. Nadie enciende una lámpara para meterla debajo de un cajón. Todo lo contrario: la pone en un lugar alto para que alumbre a todos los que están en la casa. De la misma manera, la conducta de ustedes debe ser como una luz que ilumine y muestre cómo se obedece a Dios.

Hagan buenas acciones. Así los demás las verán y alabarán a Dios, el Padre de ustedes que está en el cielo" (TLA).

Hemos hablado de muchas cosas que dejan ver su luz; sin embargo, Pablo lo dice de la siguiente manera:

> "Mas vosotros sois linaje escogido, real sacerdocio, nación santa, pueblo adquirido por Dios, para que anunciéis las virtudes de aquel que os llamó de las tinieblas a su luz admirable; vosotros que en otro tiempo no erais pueblo, pero que ahora sois pueblo de Dios; que en otro tiempo no habíais alcanzado misericordia, pero ahora habéis alcanzado misericordia".
>
> —1 Pedro 2:9–10

Ahora imagine que el reflector está sobre usted. ¿Qué va a hacer? Usted ha estado orando para que las puertas se abran. Usted ha anhelado ver a Dios hacer cosas en su familia, iglesia, comunidad e incluso en el mundo. Este libro le ha abierto la sabiduría, revelación, estrategias y planes que Dios ha guardado para usted para que vea el poder de Dios manifestado en cada una de estas áreas. Hemos hablado de lo que se necesita para quitar los seguros y empezar a ver que se liberan para su propia vida.

Hemos hablado del peso de la gloria que va ligada a los escogidos y que creo que eso precisamente fue lo que lo dirigió a elegir este libro. Usted ya tiene el conocimiento de que ha sido llamado. Ya ha recibido la palabra profética y quizás incluso ha tenido un encuentro con el mismo Dios. No puede seguir ignorando la voz del destino que lo está llamando. Usted sabe que fue hecho para dar más; usted ha decidido que este es el tiempo. Está listo para aceptar la invitación y tomar su lugar como un escogido. Ahora la luz de Dios es la que brilla en usted. ¿Qué va a hacer con esta nueva etapa?

Quiero desafiarlo a que entre con confianza. Camine

directo al escenario central. Usted fue hecho para este momento. Levántese. Manténgase en su lugar. Tome el micrófono. Cante. Predique el sermón. Escriba el libro. Empiece el negocio. Lance el ministerio. La hora del espectáculo ha llegado. Es momento de que usted sea quien Dios quiere que sea. Esta etapa ha sido diseñada y su caminar ya se ha preparado. Muchos han recibido el llamado. Muchos tienen la oportunidad de afirmar quiénes fueron llamados a ser. Sin embargo, solo unos cuantos lo harán y usted es uno de ellos. ¿Sabe lo que significa para mí? No tiene que ofrecer disculpas por la etapa en donde se encuentra. No tiene que ofrecer disculpas por los dones que reservan su espacio, dejándolo que tome asiento ante grandes hombres. No tiene que ofrecer disculpas porque la unción en su vida continuamente lo busca. Su luz ha llegado.

Dios sabe que este es un nuevo nivel para usted, pero debe tomar el riesgo. Si se acobarda, estará haciéndole un terrible perjuicio, así como si solo se queda sentado, llorando y negando la grandeza que Él ha construido adentro de usted. Dios ha abierto todos los cielos para ayudarle a visualizar su poder y gloria sobre la tierra. No use la excusa de que no tiene a nadie que lo acompañe en este próximo nivel. No puede esperar a que alguien venga con el mismo ritmo y demorar lo que Dios trata de hacer. Debe levantarse.

Ester no sabía si tendría a alguien en el palacio que la ayudara o protegiera, aparte que su llamado y la época en que fue escogida se inició contra su voluntad, pero Dios tenía un plan para evadir las acciones de los enemigos. Recuerde, los planes cambian, pero el propósito no. Dios colocó a dos personas en puestos importantes para ayudar a que Ester asumiera su lugar como escogida, el eunuco a cargo del harén del rey y su tío Mardoqueo, quien servía como un oficial en la corte real. Ambos tenían puestos de influencia que ayudaron a Ester a levantarse en su propósito. Dios tiene a personas que esperan por usted también, pero si usted espera en donde está porque no le da valor ni a usted ni a su posición actual, se perderá de ver cómo Dios coloca a las personas que lo ayudarán a realizar su propósito.

Isaías 60:1–2 dice: "La gloria de Jehová ha nacido sobre ti. Porque he aquí que tinieblas cubrirán la tierra, y oscuridad las naciones". Incluso cuando Dios coloca a personas en puestos donde pueden ayudarlo a cumplir con su propósito, también se levanta sobre usted para fortalecerlo y darle el poder que necesita para que su luz brille en las tinieblas de la tierra, lugares donde las naciones viven en obscuridad. Cuando escucha cómo ha aumentado la cantidad de personas que cometen suicidio, cuando escucha acerca de tsunamis y terremotos o bien, de desastres políticos, sociales, económicos o naturales, es cuando escucha los gemidos de la creación que Pablo mencionó en Romanos 8. Esa es la obscuridad que está sobre la tierra. Puede que esté empezando a ver alrededor y preguntarse: "¿Quién hará algo sobre esto? Alguien tiene que hacer algo. Alguien tiene que decir algo". Esa persona es usted.

Usted y Dios son la mayoría, usted, Dios y sus ángeles del destino.

> "Mas sobre ti amanecerá Jehová, y sobre ti será vista su gloria. Y andarán las naciones a tu luz, y los reyes al resplandor de tu nacimiento".
>
> —Isaías 60:2–3

No necesita más permisos para poder llevar la gloria. Dios se está levantando sobre usted, lo está activando en su destino. Usted ya no es una persona sin peso, usted lleva el peso de la gloria, un peso de honor, esplendor y poder. Estos son días de un avance fuera de lo común para los escogidos. Dios está despertándolo en su pasión. No tiene que ofrecer disculpas por lo que Dios hace en su vida, por las bendiciones, por el favor y por ser un escogido. Quiero dejarlo con algunas estrategias que lo ayudarán a ver plenamente cómo Dios lo transforma desde donde está hasta algo nuevo. Las encontramos en 2 Crónicas 20.

Busque al Señor y pregone un ayuno

Vamos a volver a este pasaje del que hablamos en el capítulo 8. Lo analizaremos desde otra perspectiva. Lo estudiamos con base en el respaldo angelical que Dios libera desde el cielo a favor de los israelitas. Lo que quiero mostrarle aquí es cómo terminaron durante tres días recogiendo el botín de la batalla porque era demasiado. También quiero mostrarle cómo esto refleja la transferencia de riqueza y los recursos que los escogidos experimentarán a medida que nos pongamos en posición y obedezcamos las estrategias que Dios dispone para nosotros cuando lo buscamos. Así es como inicia este pasaje de 2 Crónicas 20:3–5:

> "Entonces él tuvo temor; y Josafat humilló su rostro para consultar a Jehová, e hizo pregonar ayuno a todo Judá. Y se reunieron los de Judá para pedir socorro a Jehová; y también de todas las ciudades de Judá vinieron a pedir ayuda a Jehová. Entonces Josafat se puso en pie en la asamblea de Judá y de Jerusalén, en la casa de Jehová, delante del atrio nuevo".

Una vez hemos aceptado el llamado y asumido la vida de escogidos, vendrá un enemigo diferente que se levante en contra de nosotros. Josafat era el nuevo rey y tenía una posición conforme al corazón de Dios. Había hecho algunas reformas para restaurar jueces justos en toda la tierra, reinstituir el sacerdocio levítico en el templo y quitar la adoración de ídolos. Israel había estado bajo el reinado de reyes malvados e idólatras y cuando él llegó, quitó toda la maldad que se había hecho a los ojos del Señor (puede ver esta parte de la historia en 2 Crónicas 19).

Josafat era un escogido y al momento de levantarse para hacer lo que su puesto exigía que hiciera, recibió la palabra en 2 Crónicas 20:2 de que una "gran multitud" venía contra él y su pueblo. También debemos entender que una "gran multitud" se levantará contra nosotros a medida que nosotros nos levantemos en nuestro destino de escogidos. El enemigo no dejará que eso suceda sin oponer gran resistencia. Sin embargo, debemos arrepentirnos y estar dispuestos a demoler las creencias y actitudes que pudieran impedirnos caminar dignamente, como los escogidos deben hacerlo. Ya hablamos acerca de algunos de estos puntos en un capítulo anterior. Debemos caminar en el Espíritu para entender lo que sucede para empezar a discernir el tiempo y para que nosotros mismos promulguemos nuestros ayunos y oración para buscar al Señor. Sin importar cuán grande es el problema, en este caso, cuán grande es la multitud, nunca será más grande que Dios. Durante los dos últimos meses he pasado defendiendo la integridad y la grandeza de Dios. Veamos el versículo 6:

> "Y dijo: Jehová Dios de nuestros padres, ¿no eres tú Dios en los cielos, y tienes dominio sobre todos los reinos de las naciones? ¿No está en tu mano tal fuerza y poder, que no hay quien te resista?".

Siempre recuérdese a usted mismo quién es Dios. No podemos permitirnos darle vuelta a la incredulidad. Su estudio y conocimiento del carácter y los atributos de Dios fortalecerán su fe. Empezará a recordarle a Dios que usted sabe quién es Él y que conoce las promesas que Él le ha dado. Isaías 62:6 dice: "Sobre tus muros, oh Jerusalén, he puesto guardas; todo el día y toda la noche no callarán jamás. Los que os acordáis de Jehová, no reposéis".

Esto es lo que Josafat empezó a hacer. Le recordaba a Dios lo que sabía de Él e hizo estas declaraciones enfrente del pueblo. En estos días debemos proclamar el nombre del Señor y empezar a magnificarlo por encima de los enemigos que puede enfrentar, a medida que va entrando a su nueva dimensión. La alabanza es la expresión de una voz de fe. Cuando empieza a alabar a Dios, su corazón y mente se configuran en la fe, la cual fluirá a su boca y se alineará para mostrar quién es Dios y lo que usted cree que Él hará para transformarlo. Cuando no puede alabar a Dios la razón es que no sabe quién es Él y no tiene la fe que necesita para estar firme en un lugar y ver su salvación desde la perspectiva de esta gran multitud que se avalancha en contra suya.

Ahora mismo se está liberando el regalo de la fe. Dios llamará a las alabanzas que saldrán de su boda y le dará la espada de dos filos para ejecutar sus planes. Pero para ganar la victoria sobre la multitud primero tiene que abrir su boca y dar declaraciones de quién es Dios, recordándole que Él es Dios y al mismo tiempo usted recordará que la victoria ya es suya. El enemigo intentará hacerle sentir temor, fracaso, vergüenza y derrota. Esta es la razón por la que necesita pregonar su propio tiempo de ayuno y centrar su mente en el Señor para poder escucharlo. Esto aumentará su nivel de fe y al mismo tiempo que recuerda a Dios, su corazón se verá fortalecido para ejecutar las estrategias que Él ha liberado.

Adoración

Ahora veamos qué sucedió. En 2 Crónicas 20:13–14 dice: "Y todo Judá estaba en pie delante de Jehová, con sus niños y sus mujeres y sus hijos. Y estaba allí Jahaziel hijo de Zacarías, hijo de Benaía, hijo de Jeiel, hijo de Matanías, levita de los hijos de Asaf, sobre el cual vino el Espíritu de Jehová en medio de la reunión" y empezó a profetizar.

En este versículo vemos que dice "con sus niños". Ser escogido y extenderse a nuevos territorios, es decir, extender el reino, trata de las generaciones y el legado. Los escogidos pertenecen a una generación de la presencia. La presencia de Dios va acompañada de adoración. Adorar y engrandecer a Dios no solo corresponde al acto que se hace cuando se acerca el enemigo en la batalla que peleamos hoy. Es una acción cotidiana que hacemos para extender la voz de fe a través de la alabanza, incluso a nuestros hijos y a los hijos de ellos, y mucho más allá. Lo que hoy hacemos como escogidos no se trata solo de lo que hacemos hoy, se trata del legado que dejamos. El enemigo va detrás de nuestros hijos. Él va detrás de nuestro legado. Esta es una de muchas razones de por qué debe ponerse en pie y levantar su voz hacia Dios. No permita que el enemigo lo mantenga en silencio.

El pueblo de Israel estaba en un lugar donde no podían hacer nada con sus propias fuerzas. Estaban en una batalla espiritual, muy similar a las que luchamos ahora. Estamos en una batalla de creencias en su nivel más elemental. Nos armamos con la fe de Dios y su palabra y para derribar esa fe, el enemigo envía a una gran multitud de obstáculos. Empieza por sembrar pensamientos, ideas y argumentos que se levantan en contra de lo que conocemos de Dios y lo que Dios ha afirmado en nosotros, el enemigo en cambio dice: "Eres muy viejo para esto". "Hubieras empezado esto hace mucho tiempo". "Ahora ya es muy tarde". Simplemente cállelo con su voz de fe. Su alabanza, la grandeza que usted hable de Dios y sus acciones confesarán y comunicarán su rechazo a dejar que esos intentos lo detengan. En esencia, estará devolviendo pelea y le dirá: "Este es mi tiempo. Tengo mucho destino todavía. Tal vez trates de convencerme de que no hay nada para mí, pero, al contrario, sí debe haber algo porque si no fuera así, no estarías aquí diciéndome lo contrario". No se hubiera conformado la gran multitud si el pueblo de Israel no se hubiera considerado una amenaza. Recuerde eso.

Descanse en el Señor

> "Y dijo: Oíd, Judá todo, y vosotros moradores de Jerusalén, y tú, rey Josafat. Jehová os dice así: No temáis ni os amedrentéis delante de esta multitud tan grande, porque no es vuestra la guerra, sino de Dios".
>
> —2 Crónicas 20:15

Existen varias situaciones con las que no tendrá que pelear. Sé que podría estar diciendo: "Pero, soy un guerrero. Mi tarea es atar y soltar. Yo esparzo mi aceite de la unción". Pienso de la misma manera, pero el Señor tenía que tranquilizarme. Dijo: "No quiero que hagas eso en este momento".

A veces, hacer nada es la peor acción para las personas como nosotros, que contamos con tantos recursos, maneras e inteligencia. Tal vez usted es como yo y ha estado sirviendo al Señor por más de veinticinco años. O quizás, nació en una familia de creyentes y empezó en el camino de la fe desde una edad muy joven. Usted conoce bien lo que es levantar una defensa en contra del enemigo. Se ha capacitado en las liberaciones, ha activado el ministerio profético, ha servido en tareas apostólicas y ha conformado programas y avivamientos. Sin embargo, en lugar de seguir haciendo más, Dios le dice que descanse.

Luego la Biblia dice: "No necesitáis pelear en esta batalla; apostaos y estad quietos, y ved la salvación del Señor, con vosotros, oh Judá y Jerusalén No temáis ni os acobardéis; salid mañana al encuentro de ellos porque el Señor está con vosotros". (2 Cr. 20:17 LBLA).

En ocasiones tiene que quedarse en silencio y no decir una palabra más. Simplemente no diga nada. Colóquese en una posición de rendición. Permanezca en quietud ante la presencia de Dios. Rinda ante Dios todos los esfuerzos que tenga y los métodos de lucha en su propia fuerza. Puede que usted no sepa cómo va a ganar la batalla. Hemos hablado de que no siempre es necesario conocer todos los detalles si confiamos y conocemos a Dios. Empiece con aquella única cosa que Dios le dijo que hiciera. Puede que usted no sepa de dónde vaya a venir el dinero, pero lo que sí sabe es que el Señor es bueno y que su misericordia permanece para siempre. Usted sabe que son muchos los que se han confabulado contra usted, pero también sabe que el Señor es su escudo, su gloria y quien levanta su cabeza. Usted sabe que Dios prevalece.

No podemos esos "cristianos de poder" que van a la iglesia cada semana pero que no le creen a Dios. Ellos confían en la armadura de la carne. Ellos confían en la armadura de sus trabajos. Ellos confían en alguien que los sube de nivel, pero no confían en Dios. "Estos confían en carros y aquellos en caballos" dice la Biblia, "más nosotros, en el nombre del Señor". Los carros y los caballos representan los sistemas humanos. No podemos poner nuestra confianza en aquello que pensamos que nos dará la victoria.

El diablo sigue intentando que caminemos en la carne. Él trata de captar información de lo que hablamos. Cada vez que dudamos usted incursiona en lo que la Biblia llama un "corazón malo de incredulidad" (Heb. 3:12). Pero cuando confiamos en Dios, todos los argumentos quedan en silencio y podemos entrar al lugar de rendición.

Crea en Dios

> "Y cuando se levantaron por la mañana, salieron al desierto de Tecoa. Y mientras ellos salían, Josafat, estando en pie, dijo: Oídme, Judá y moradores de Jerusalén. Creed en Jehová vuestro Dios, y estaréis seguros; creed a sus profetas, y seréis prosperados".
>
> —2 Crónicas 20:20

Según lo que hemos dicho, a medida que usted entra a la dimensión de los escogidos, el diablo tratará de atacar su fe. Usted sigue avanzando en un lugar de destino y propósito. Se extiende la ocupación que usted hace sobre el territorio enemigo. Ahora, más que nunca, necesita creerle a Dios. Sin importar cuán insuperable se vea la situación, créale a Dios. En el versículo anterior, el profeta decía: "Créanme. Escúchenme". Le animo a que escuche a Dios. La fe viene por el oír y el oír por la palabra de Dios.

Reprendo toda simpleza al escuchar. Oro para que un espíritu fresco de revelación se pose sobre su vida, que tenga oídos para oír lo que el Espíritu le habla de usted y de su destino. Lo escuchará claramente. Ordeno a esas voces que vienen en contra de su vida, voces de fracaso y derrota, que permanezcan en silencio en el nombre de Jesús, que usted escuchará la palabra de Dios para su vida.

Crea en el Señor su Dios y Él lo afirmará. Crea en sus profetas y recibirá prosperidad en los lugares escogidos.

Libere la voz de la fe

> Y habido consejo con el pueblo, puso a algunos que cantasen y alabasen a, Jehová, vestidos de ornamentos sagrados, mientras salía la gente armada, y que dijesen: "Glorificad a Jehová, porque su misericordia es para siempre".
>
> —2 Crónicas 20:21

Dios dijo: "Díganle a mi pueblo que la alabanza es la voz de la fe". Hablé sobre esto anteriormente. Cuando usted cree, procede a actuar en alabanza porque sabe quién es Dios. Por ello, si usted no alaba, eso significa que no tiene fe en Dios. Lo que Dios sabe y que usted podría perder de vista en medio de una amenaza en la batalla, es que la alabanza también ata y confunde al enemigo. En 2 Crónicas 20:22 dice: "Y cuando comenzaron a entonar cantos de alabanza, Jehová puso contra los hijos de Amón, de Moab y del monte de Seir, las emboscadas de ellos mismos que venían contra Judá, y se mataron los unos a los otros".

Estas instrucciones para cantar y alabar no son tan profundas en hebreo ni en griego. La religión siempre busca que la victoria sea difícil y en ocasiones así es; sin embargo, de nuevo, usted no será quien pelee cada batalla y contra cada enemigo en la misma forma. Esta es la forma que Dios dirige al pueblo bajo las órdenes de Josafat, el hombre con un corazón conforme al de Dios y que había sido escogido, quien restableció un orden santo y recto en el reino y en el templo. No tenía que pelear esta batalla de la forma en que otros reyes pelearon. Quiero desafiarlo a que vea cómo Dios lo dirige a pelear porque usted también es un escogido, con un corazón conforme al corazón de Dios, alguien que ha sido enviado para establecer la gloria y la santidad, así como la majestad de Dios en la esfera terrenal sobre la cual Dios lo ha puesto.

Nos sentimos como que siempre tuviéramos que esforzarnos para hacer bien las cosas, pero no es así, no cuando Dios es quien pelea la batalla. El pueblo cantó y alabó al Señor, mientras Dios destruía a cada uno de sus enemigos. Nadie escapó. Cuando Dios destruye a su enemigo, queda totalmente acabado. No tendrá que quedarse viendo sobre sus hombros. Él limpiará el camino para que usted avance en el territorio al que Él lo llamó.

Recolecte el botín

> "Viniendo entonces Josafat y su pueblo a despojarlos, hallaron entre los cadáveres muchas riquezas, así vestidos como alhajas preciosas, que tomaron para sí, tantos, que no los podían llevar; tres días estuvieron recogiendo el botín, porque era mucho".
>
> —2 Crónicas 20:25

Los escogidos necesitan recursos y riqueza para llevar a cabo las misiones que Dios les delega. La Biblia habla acerca de una transferencia de riqueza de los malos a los justos. Creo que estamos entrando en un tiempo en donde habrá una gran transferencia de riqueza, una que nunca hayamos visto. La riqueza no se quedará almacenada, sino que Dios le transferirá la riqueza a usted; sin embargo, se necesitarán algunas acciones no convencionales para recolectarla toda. El pueblo de Israel tuvo que despojar los cadáveres de las riquezas. Sin importar lo que representen los cadáveres a lo largo de su trayecto como escogido, Dios lo revelará y usted actuará de la forma en que Él se lo indique si usted quiere recuperar el botín. Puede ser una persona religiosa sentada en la iglesia si quiere, alabando a Dios con los panderos, pero usted desea la riqueza que está almacenada, necesitará seguir las indicaciones de Dios e ir al lugar que Él lo envíe para recolectar lo que es suyo. Dios ya terminado con sus enemigos, yacen a sus pies. Ahora, debe dedicarse al trabajo y a recolectar las riquezas y el botín que encontrará en la misión de escogidos.

Sé lo que eso significa. Dios me ha mostrado que tengo casas y ciudades por edificar. ¡Increíble! ¿No es así? Él quiere que envíe personas a estudiar. Esta no es una pequeña mentalidad de hombre. El trabajo de recolectar el botín que Dios nos manda a hacer necesitará tres días también.

Ahora mismo decreto que usted verá su vida de forma diferente, que usted dejará de pensar esa mentalidad diminuta de hombres, que usted verá que el gran paradigma y la economía cambian, cosas que Dios le ha enviado a hacer. Usted adquirirá entendimiento de la necesidad de tener una gran transferencia de riqueza que viene en camino podrá reclamarla cuando llegue. Esta transferencia será fuera de lo normal y sin precedentes. No podrá explicarlo. Para tener una mentalidad que aproveche al máximo lo que Dios está por hacer, debe liberarse del miedo de las opiniones de los hombres. Su preocupación con lo que dicen sobre qué hace, cómo lo hace y por qué lo hace, entorpecerá el camino que Dios quiere que siga hacia ese lugar en donde la mentalidad carnal no logrará entender.

Debe liberarse de eso, porque si Dios va a obrar en usted en cosas que ni siquiera puede explicar, definitivamente no va a querer perdérselo. Todo lo que debería anhelar es estar en la mentalidad que diga: "el Señor es bueno y su misericordia es para siempre". Nuevamente, esto trata de la excelencia de Dios, no de nosotros.

Incline su rostro

Recuerde, en 2 Crónicas 20:17 Él establece la posición que debe mantener. Dios quiere cambiar nuestra posición, la que siempre está en lucha en la carne. En lugar de ello, Dios quiere que nos inclinemos, que nos pongamos de rodillas porque Él quiere bendecirnos. El versículo 26 dice:

> "Y al cuarto día se juntaron en el valle de Beraca; porque allí bendijeron a Jehová; y por esto llamaron el nombre de aquel paraje el valle de Beraca, hasta hoy".

La ubicación física de Beraca tiene un significado espiritual que no podía dejar pasar. El Señor ha seguido dándole énfasis. Cuando estuve analizándolo, vi que significaba 'arrodillarse' con relación a estar en una posición que recibiera una o múltiples bendiciones. También significaba bendición, prosperidad, un don o un regalo.[1] Luego, Dios me dijo: "dile a mi pueblo que a medida que sigan arrodillándose, los dotaré de poder para triunfar".

Beraca es un lugar de prosperidad y longevidad para triunfar. Es un lugar al que Dios lo llevará desde su trayecto escogido con el fin de darle lo que necesita por anticipado, para ser fecundo, para multiplicarse, para sojuzgar y para ejercer dominio. Dios lo está llevando a este lugar, Beraca, donde será dotado de poder para una vida larga y exitosa, con poder para prosperar y recibir riquezas. Usted va en camino a un valle de bendición. Este es nuestro derecho por nacimiento; nuestra herencia con los santos. No necesitamos ofrecer nuestras disculpas por aquello que Dios puso a disposición de unos cuantos que han aceptado ser escogidos.

La vida de los escogidos no es fácil por lo que Dios requiere y que es contra lo que nuestra carne se rebela: santidad, justicia, humildad, estar apartados, ser refinados por el fuego, ser corregidos por el Señor. El lugar también viene con bendiciones y el favor implícito, con intimidad con Dios, es un lugar en las regiones celestes para administrar el reino, tener influencia directa tanto en la dimensión celestial como la terrenal. No hay vida como la de los escogidos porque no hay nadie como el Dios de los escogidos.

Uno de los elementos más importantes de ser un escogido es permanecer en la posición correcta del corazón que le permita un acceso continuo al Espíritu de Dios. Debemos caminar por el Espíritu para escuchar lo que el Espíritu dice y hace lo que Él nos indica que deberíamos hacer. Dependiendo de nuestra capacidad para escuchar, hay mucho qué hacer, por lo que debemos estar en el lugar correcto, en el tiempo correcto, haciendo lo correcto con las personas correctas. Necesitamos escuchar para que no nos perdamos las oportunidades de brillar intensamente la luz de Dios en las tinieblas terrenales y ser vasijas poderosas que por medio de su poder y su gloria llegan a conocerse entre los hijos de los hombres.

> "Mas vosotros sois linaje escogido, real sacerdocio, nación santa, pueblo adquirido por Dios, para que anunciéis las virtudes de aquel que os llamó de las tinieblas a su luz admirable".
>
> —1 Pedro 2:9

Levántese y entre a la maravillosa luz de Dios. Su vida como escogido lo está esperando.

NOTAS

Capítulo 1
La dimensión de los escogidos

1. Blue Letter Bible, s.v. "*nĕshamah*", consultado el 13 de junio de 2019, https://www.blueletterbible.org/lang/lexicon/lexicon.cfm?Strongs=H5397&t=KJV.
2. Blue Letter Bible, s.v. "*nĕshamah.*"
3. "William Seymour y la historia del Reavivamiento de la Calle Azusa", The Revival Library, consultado el 13 de junio de 2019, http://www.revival-library.org/index.php/pensketches-menu/american-pentecostal-pioneers/william-seymour.
4. Blue Letter Bible, s.v. "*charis*", consultado el 13 de junio de 2019, https://www.blueletterbible.org/lang/lexicon/lexicon.cfm?Strongs=G5485&t=KJV.
5. Blue Letter Bible, s.v. "*charisma*" consultado el 13 de junio de 2019,
6. https://www.blueletterbible.org/lang/lexicon/lexicon.cfm?Strongs=G5486&t=KJV.
7. *Merriam-Webster*, s.v. "wit" [ingenio] consultado el 13 de junio de 2019, https://www.merriam-webster.com/dictionary/wit.
8. *Merriam-Webster*, s.v. "wit" [ingenio].

Capítulo 2
El camino de los escogidos

1. Blue Letter Bible, s.v. "*luwz*" consultado el 13 de junio de 2019, https://www.blueletterbible.org/lang/lexicon/lexicon.cfm?Strongs=H3868&t=KJV.
2. *Merriam-Webster*, s.v. "Perverse" [perverso] consultado el 13 de junio de 2019, https://www.merriam-webster.com/dictionary/perverse.
3. Oxford Living Dictionaries: English, s.v. "*expectation*" [expectativa], consultado el 13 de junio de 2019, https://en.oxforddictionaries.com/definition/expectation.

Capítulo 3
El tiempo de los escogidos

1. Blue Letter Bible, s.v. "*chronos*" consultado el 13 de junio de 2019, https://www.blueletterbible.org/lang/lexicon/lexicon.cfm?strongs=G5550.
2. Blue Letter Bible, s.v. "*kairos*" consultado el 13 de junio de 2019, https://www.blueletterbible.org/lang/lexicon/lexicon.cfm?strongs=G2540.

Capítulo 4
Escogidos para andar por el Espíritu

1. Blue Letter Bible, s.v. "*phroneō*" consultado el 13 de junio de 2019, https://www.blueletterbible.org/lang/lexicon/lexicon.cfm?Strongs=G5426&t=KJV.
2. Blue Letter Bible, s.v. "*endyō*", consultado el 13 de junio de 2019, https://www.blueletterbible.org/lang/lexicon/lexicon.cfm?Strongs=G1746&t=KJV.
3. Blue Letter Bible, s.v. "*nasag*" consultado el 13 de junio de 2019, https://www.blueletterbible.org/lang/lexicon/lexicon.cfm?Strongs=H5381&t=KJV.

Capítulo 5
Salvación, sanidad y liberación: Cómo abrir la plenitud del plan de Dios para su vida

1. Blue Letter Bible, s.v. "*sōtēria*" consultado el 14 de junio de 2019, https://www.blueletterbible.org/lang/lexicon/lexicon.cfm?Strongs=G4991&t=KJV.
2. Bible Study Tools, s.v. "*sozo*" consultado el 13 de junio de 2019, https://www.bibletools.org/index.cfm/fuseaction/Lexicon.show/ID/G4982/sozo.htm.

Capítulo 6
Mentalidad y actitudes impías que atacan a los escogidos

1. Leland Ryken, *Words of Delight*: A Literary Introduction to the Bible (Grand Rapids, MI: BAker Books, 1993), https://books.google.com/books?id=S24fAc1UFLwC&q.

2. Yaacov Cohen, "The Tragic Life of Queen Esther," HuffPost, 22 de abril de 2013, https://www.huffpost.com/entry/the-tragic-life-of-queen-esther_b_2722130.

Capítulo 7
Los escogidos reciben llenura con el conocimiento de la voluntad de Dios

1. *Merriam-Webster*, s.v. "full" [completo] consultado el 13 de junio de 2019, https://www.merriam-webster.com/dictionary/full.
2. Goalcast.com, "C.S. Lewis Quote," consultado el 13 de junio de 2019, https://www.goalcast.com/2018/03/26/15-c-s-lewis-quotes/c-s-lewis-quote1/.
3. Blue Letter Bible, s.v. "*klēsis*" consultado el 13 de junio de 2019, https://www.blueletterbible.org/lang/lexicon/lexicon.cfm?Strongs=G2821&t=KJV.

Capítulo 8
Ángeles designados para su destino

1. Blue Letter Bible, s.v. "*Machanayim*," consultado el 11 de julio de 2019, https://www.blueletterbible.org/lang/Lexicon/Lexicon.cfm?strongs=H4266&t=KJV.
2. Blue Letter Bible, s.v. "*nataph*," consultado el 11 de julio de 2019, https://www.blueletterbible.org/lang/Lexicon/Lexicon.cfm?strongs=H5197&t=KJV.
3. Blue Letter Bible, s.v. "*marar*," consultado el 11 de julio de 2019, https://www.blueletterbible.org/lang/Lexicon/Lexicon.cfm?strongs=H4843&t=KJV.

Capítulo 9
El corazón de los escogidos

1. Blue Letter Bible, s.v. "*dakah*" consultado el 13 de junio de 2019, https://www.blueletterbible.org/lang/lexicon/lexicon.cfm?Strongs=H1794&t=KJV.
2. *Merriam-Webster*, s.v. "contrite" [contrito] consultado el 13 de junio de 2019, https://www.merriam-webster.com/dictionary/contrite#synonyms.
3. Definición obtenida en Chihop.org, consultado el 13 de junio de 2019, https://chihop.org/resources/glossary-of-terms/.

Capítulo 10
Escogidos inexcusablemente

1. Blue Letter Bible, s.v. "*Běrakah*" consultado el 13 de junio de 2019, https://www.blueletterbible.org/lang/lexicon/lexicon.cfm?Strongs=H1294&t=KJV; s.v. "*Běrakah*", https://www.blueletterbible.org/lang/lexicon/lexicon.cfm?strongs=H1293&t=KJV.